乒乓球
运动教学与训练

王 娟 ◎ 编著

The Teaching and Training of
Table Tennis

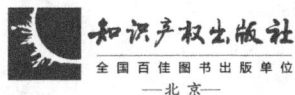
全国百佳图书出版单位
—北京—

图书在版编目（CIP）数据

乒乓球运动教学与训练/王娟编著. —北京：知识产权出版社，2023.6
ISBN 978-7-5130-8795-7

Ⅰ.①乒… Ⅱ.①王… Ⅲ.①乒乓球运动－体育教学②乒乓球运动－运动训练 Ⅳ.①G846.2

中国国家版本馆CIP数据核字（2023）第112632号

内容提要：

本书共九章，包括乒乓球运动发展概论、现代校园乒乓球文化教学功能拓展、现代乒乓球运动与健康、乒乓球运动基本理论、乒乓球运动的技术及运用、乒乓球运动的战术及运用、现代乒乓球运动教学与训练等内容，系统全面介绍了乒乓球运动的全貌，内容清晰易懂，图文并茂，实用性强，具有知识性、系统性、趣味性、创新性、引领性等特点。书后附有乒乓球术语英汉对照表和历届世乒赛冠军表，便于广大学生、专业人士和爱好者查阅参考。

本书既可作为普通高等学校公共必修课教材和专业课教材，也可作为乒乓球教师、教练和广大乒乓球爱好者的参考用书。

责任编辑：王　辉　　　　　　　　　　　　　责任印制：孙婷婷
绘　　画：马宇飞

乒乓球运动教学与训练
PINGPANGQIU YUNDONG JIAOXUE YU XUNLIAN

王　娟　编著

出版发行：知识产权出版社 有限责任公司	网　　址：http://www.ipph.cn
电　　话：010-82004826	http://www.laichushu.com
社　　址：北京市海淀区气象路50号院	邮　　编：100081
责编电话：010-82000860转8381	责编邮箱：laichushu@cnipr.com
发行电话：010-82000860转8101	发行传真：010-82000893
印　　刷：北京中献拓方科技发展有限公司	经　　销：新华书店、各大网上书店及相关专业书店
开　　本：720mm×1000mm　1/16	印　　张：14
版　　次：2023年6月第1版	印　　次：2023年6月第1次印刷
字　　数：215千字	定　　价：72.00元
ISBN 978-7-5130-8795-7	

出版权专有　侵权必究
如有印装质量问题，本社负责调换。

前　言

习近平总书记指出："体育是提高人民健康水平的重要途径，是满足人民群众对美好生活向往、促进人的全面发展的重要手段。"乒乓球运动是体育的一个分支项目，具有体育文化的属性，也有丰富的文化内涵和外延。被誉为"国球"的乒乓球运动，是当前我国最具世界领先水平的体育项目之一，无论是作为全民健身运动项目，还是作为竞技比赛项目，都为我国创造了无数的辉煌。乒乓球运动在我国民众中的普及程度和竞技水平之高，是其他运动项目无法比及的。几十年来，我国的乒乓球运动威震世界，领先地位长盛不衰，历代运动员积淀的"乒乓精神"已成为全民爱岗敬业、自强不息的奋斗精神的代表。

乒乓球运动作为高校公共必修课，历史悠久，是最受学生喜爱的公共课程之一。笔者从事乒乓球教学与训练工作三十余年，有感于乒乓球上课满座、训练爆棚，而不断思考"如何才能尽自己所能让学生获得最好的课程体验和教育"，在保护和发展学生兴趣的基础上，通过学习和训练，使学生深入了解乒乓球运动文化内涵，掌握乒乓球运动规律，在体能、智能、心理素质等方面得到发展，形成坚韧的意志品质和完善的人格，树立正确的世界观、人生观和价值观。编写一本高质量的教材，既能满足教学科研工作需要，也能使学生了解世界乒乓球运动发展的前沿，为学生学习提供良好的条件，为培养德、智、体、美、劳全面发展的社会主义优秀人才贡献自己的绵薄力量。因此本书得以成稿。

全书内容包括乒乓球运动发展概论、现代校园乒乓球文化教学功能拓展、现代乒乓球运动与健康、乒乓球运动基本理论、乒乓球运动的技术及运用、乒乓球运动的战术及运用、现代乒乓球运动教学与训练、乒乓球运动的竞赛组织编排、乒乓球运动知识问答共九章内容，图文并茂、覆盖面广，系统全面地介绍了乒乓球运动的全貌，力求内容清晰易懂、实用性强，具有知识性、系统性、趣味性、创新性、引领性等特点。本书内容难易程度适中，尽可能满足各级各类学校、社会各群体不同年龄段乒乓球爱好者的需求。"附录"的乒乓球术语英汉对照、历届世乒赛冠军一览表，便于广大学生、专业人士和爱好者查阅参考。

"书痴者文必工，艺痴者技必良。"本书既可作为普通高等学校公共必修课教材和专业课教材，作为体育专业专项、选修课教材和高水平运动队训练课教材，也可作为乒乓球教师、教练和广大乒乓球爱好者的参考用书。愿本书能为乒乓球教育同行，大、中、小学生，以及乒乓球爱好者在教学与训练、强身健体、休闲与娱乐中添砖加瓦。在此特别感谢学校对编写本教材的大力支持和帮助。编写过程也参考了同行的研究成果，在此谨向原作者们表示最诚挚的感谢！

编 者

2023 年 3 月 29 日

目 录

第一章 乒乓球运动发展概论 …………………………………001
 第一节 乒乓球运动的起源 ………………………………001
 第二节 乒乓球运动世界三大赛事 ………………………008
 第三节 乒乓球运动其他重要赛事 ………………………020

第二章 现代校园乒乓球文化教学功能拓展 …………………028
 第一节 乒乓球文化的基本描述 …………………………028
 第二节 校园乒乓球教学教育功能拓展 …………………031

第三章 现代乒乓球运动与健康 ………………………………038
 第一节 健康的基本含义和内容 …………………………038
 第二节 乒乓球运动对健康的影响 ………………………046

第四章 乒乓球运动基本理论 …………………………………049
 第一节 乒乓球器材与装备 ………………………………049
 第二节 乒乓球运动基本技术理论 ………………………056

第五章 乒乓球运动的技术及运用 ……………………………067
 第一节 入门技术 …………………………………………067
 第二节 发球与接发球 ……………………………………074
 第三节 推挡技术 …………………………………………082
 第四节 正反手攻、拉技术 ………………………………086
 第五节 搓球、削球技术 …………………………………101

第六章 乒乓球运动的战术及运用 ……………………………109
 第一节 进攻战术 …………………………………………109
 第二节 双打战术 …………………………………………117

第七章　现代乒乓球运动教学与训练 ……………………………………122
第一节　乒乓球教学与训练的基本原则 ………………………………122
第二节　常见乒乓球技术的练习方法 …………………………………128
第三节　乒乓球专项身体素质训练 ……………………………………146
第四节　乒乓球运动中常见损伤及预防治疗 …………………………151

第八章　乒乓球运动竞赛的组织编排 ……………………………………156
第一节　组织与编排 ……………………………………………………156
第二节　乒乓球裁判方法 ………………………………………………168

第九章　乒乓球运动知识问答 ……………………………………………178

附　　录 ……………………………………………………………………194
附录1　乒乓球术语英汉对照 …………………………………………194
附录2　历届世乒赛冠军一览表 ………………………………………202

参考文献 ……………………………………………………………………215

第一章 乒乓球运动发展概论

乒乓球运动起源于19世纪末的英国,是世界上参与人数最多的体育项目之一。1926年12月,国际乒乓球联合会成立,截至2019年,共有226个会员。乒乓球被誉为中国的"国球",无论是作为全民健身运动项目,还是作为竞技比赛项目,都为我国创造了无数个辉煌,是我国最具世界领先水平的体育项目之一,它在政治、经济、文化、外交等领域的影响不断扩大,形成了一种独特的文化现象。

1959年第25届世界乒乓球锦标赛中,我国乒乓球运动员容国团首次获得男子单打冠军,取得历史性的突破,成为了我国体育史上的第一个世界冠军。几十年来我国的乒乓球运动水平威震世界,几代运动员积淀的"乒乓精神"已经成为国人爱岗敬业、自强不息的奋斗精神的代表,"胸怀祖国、放眼世界、为国争光的精神;发奋图强、自力更生、艰苦奋斗的实干精神;不屈不挠、勤学苦练、不断钻研、不断创新的精神;同心同德、团结战斗的集体主义精神;胜不骄、败不馁的革命乐观主义精神;不怕艰难、顽强拼搏的革命英雄主义精神"。

本章将主要介绍国内外乒乓球运动的发展历史,了解世界各国乒乓球运动竞技水平的发展状况。

第一节 乒乓球运动的起源

一、"乒乓球"名字的由来

19世纪末期,网球在欧美国家的上层社会相当流行,当时英国的一些大学生在室内的餐桌上模仿打网球的形式,以书作球网,以羊皮纸贴的长柄椭圆形空心板作球拍,用软木或橡胶做成球,在餐桌上将球打来打去。后来玩这种游戏的人越来越多,逐渐形成了一种家庭娱乐活动方式。1890年前后,有位英国人到美国旅行,发现了一种材料为"赛璐珞"(旧有商标名称)的小球,于是这位英国人把这种赛璐珞球经过加工改造后替代了之前的软木球和橡胶球。这种小球使用起来弹性好，声音也好听，于是这种赛璐珞球迅速在世界各地流行起来。由于打击时发出"ping pong"的声音，所以就根据它的声音而称作"乒乓球"，也叫桌上网球。直到今天，世界各地对乒乓球的叫法也不完全相同，日本等国称它为"桌球"，欧洲现在大部分人还是把乒乓球叫作桌上网球，英文名字叫作"Table Tennis"。1900—1902年，这项活动传入日本，1905—1910年传入奥地利维也纳和匈牙利布达佩斯，1904年开始逐渐传入我国。

二、乒乓球运动传入我国

1904年，一个叫王道平的上海商人，从日本买回几套乒乓球器材，包括球台、球网、球和带洞眼的球拍，摆在店里并亲自做演示，介绍在日本所看到的打球情况，这就是我国乒乓球运动的雏形。

1916年，上海基督教青年会童子部添设了乒乓球房和球台，学生中开始了乒乓球活动。1925年上海举行了各种比赛。1927年中华队赴日本进行了访问赛，同年8月在第8届远东运动会上日本乒乓球队作了表演赛。1930年我国参加了在东京举行的第9届远东运动会的乒乓球比赛。1935年成立了中华全国乒乓球协会，发起并组织全国乒乓球竞赛大会，从此乒乓球运动在我国开展起来。

三、国际乒乓球联合会组织机构的诞生与发展

（一）国际乒乓球联合会的诞生

国际乒乓球联合会（International Table Tennis Federation，ITTF），简称国际乒联，是一个国际性乒乓球管理组织，也是国际单项体育联合会总会成员。截至2019年，共有226个协会会员。

1926年1月，在柏林举行了一次乒乓球比赛，参赛的德国的乔治·莱赫曼，英国的伊沃·蒙塔古、乔治·罗斯、波佩，匈牙利的雅可比、密可罗维茨以及奥地利的几个人召开了一次座谈会，会上决定成立临时国际乒联，并决定第一次国际乒联

代表大会和第1届欧洲锦标赛于当年12月在英国伦敦举行。1926年12月12日，在伊沃·蒙塔古的母亲斯韦思林女士的图书馆里举行了国际乒联第一次代表大会全体会议，参与的成员国有德国、英格兰、奥地利、匈牙利、瑞典和威尔士等。会议通过了国际乒联的章程、乒乓球比赛规则草案，选举伊沃·蒙塔古为国际乒联第一任主席，会议还规定全体代表大会为国际乒联的最高权力机构。1926年12月，在英国伦敦举行了由德国、匈牙利、威尔士、英格兰、奥地利、瑞典和丹麦等9个国家64名男运动员参加的乒乓球比赛，这次比赛由于有亚洲印度的参加而确定为第1届世界乒乓球锦标赛。

(二)国际乒乓球联合会的组织机构

1. 国际乒联的宗旨任务

国际乒联的宗旨是在国际比赛中维护乒乓球运动规则，并经常对这些规则作一些改变和补充，以推动乒乓球运动的发展。国际乒联的任务是坚持国际乒联的原则，在协会会员间和运动员间增进友谊和相互了解，协调组织间的关系，寻求乒乓球运动水平的持续发展和全世界普及率提高的方法，培养友好竞争，消除使用兴奋剂等不道德行为，出版英文章程和规则并鼓励其他语种版本的出版；促进并监督世界级比赛，按照国际乒乓球运动的利益使用联合会的资金。

2. 国际乒联的主要职权

制定和维护现行的乒乓球运动规则，如制定章程、纪律、规程、比赛规则等；对世界乒乓球锦标赛、世界杯赛的所有项目进行监督工作；协调各团体和各协会之间的关系；在全世界范围内推广和发展乒乓球运动；提倡和发扬运动员、各团体和协会间的互助精神，维护和执行国际乒联所制定的原则。国际乒联每隔两年委托一个成员协会主办一届世乒赛，并在举行该届世乒赛的同时同地举行国际乒联代表大会。乒乓球运动的主要赛事除奥运会乒乓球赛、世界锦标赛外，还有世界性的国际乒联职业巡回赛、世界俱乐部锦标赛（取代1995年开始的原世界团体杯）、男子世界杯（1995年始）、女子世界杯（1996年始）、职业巡回大奖赛（1996年始）等。

3. 国际乒联的标记

国际乒联的标记图案由球拍、球网、球和球台组成，表示乒乓球运动，球网是用国际乒联的英文缩写"ITTF"表示，穿插于球网中间的是一只球拍，"F"字母上有一圆点表示乒乓球的形状，由"F"和其上面的圆点组成一个运动员的躯体形状，在球拍、球网、球的下端有一条平行线段表示球台。

4. 国际乒联代表大会

国际乒联的最高权力机构为全体代表大会。代表大会每两年召开一次，并于同时同地举办世界乒乓球锦标赛，正式会员可派2名代表出席，有2票表决权；临时会员为1名代表，1票表决权。国际乒联领导人包括1名主席，1名第一副主席，1名负责财务的执行副主席，3名负责其他事务的执行副主席和6名各大洲副主席；他们的职责是负责由代表大会托付给他们的国际乒联工作，并一般在他们所在洲代表国际乒联；代表大会休会期间，任何职务（主席除外）有了空缺，由理事会填补；如主席辞职或不能执行职务，由第一副主席代理，直至下一届代表大会为止。国际乒联设有由乒联主席、副主席和奥运会举办国乒协主席组成的奥林匹克委员会，负责奥运会乒乓球赛。

5. 国际乒联理事会

国际乒乓球联合会代表大会闭幕期间，一切工作均由理事会负责处理。理事会由主席、代理主席、财务执行副主席、其他3位执行副主席和6名洲乒联副主席共12人组成。理事会包括领导人、代表大会选出的32名各洲代表以及按照国际乒联章程1.7.7遴选的理事；洲代表，除领导人外，应来自不同的协会；理事会应在代表大会期间按要求召开会议，并在没有召开代表大会的那一年再次开会，否则须用其他通信方式处理其事务；理事会在代表大会后的第一次会议上增添各委员会主席，如果他们尚未被选进理事会；理事会开会通常由主席主持，如主席缺席，由第一副主席主持；如果主席和第一副主席均缺席，到会的理事将从他们中间选出1人作为该会议的主席；理事会议上的每一个议题必须由投票的1/2多数决定；如果投票数相等，则会议主席拥有决定性的1票；表决办法如会议主席所建议的，由会议决定举手、点名或投票；代表大会休会期间，理事会中出现的任何空缺必须在理事会议上用多数票进行填补,但是在1名理事缺席或患病的情况下,不允许其临时代表出席理事会议或代行理事会事务;理事会有权为其本身或小组委员会指定顾问,在指定的同时明确顾问的权利和义务;国际乒联将支付理事参加会议的部分路费,每次负担的具体比例由执行局决定。

6. 国际乒联执行局和执行委员会

执行局由国际乒联领导人组成。执行局在主席的召集下大约每半年举行一次会议;执行局的职责是提出和审阅关于乒乓球运动发展的提案;向代表大会或理事会对特定项目的拨款提出建议;向代表大会或理事会对奥运会收入的分配原则提出建议;对参赛资格问题的申诉作出裁决,决定对处罚的延期和比赛时间分配;审议入会申请并向理事会提出建议;处理代表大会或理事会托付的工作。

执行委员会由国际乒联主席、第一副主席和执行副主席组成,将有权处理当前的或紧急事宜,并在下一次在理事会议上报告;执行委员会在代表大会期间开会,或者在主席召集时举行会议。

7. 国际乒联奥林匹克委员会

国际乒联奥林匹克委员包括国际乒联领导人,下届奥运会主办国代表1人,各大洲副主席可指定代表出席会议或代行职责。

国际乒联奥林匹克委员会的职责是规划、控制并监督奥运会乒乓球比赛;就奥运会乒乓球比赛的所有问题用适当的方式和国际奥委会、国家(地区)奥委会以及协会进行联络;加强有关参赛资格规定的施行,对运动员参赛资格进行确认;经代表大会同意,向国际奥委会提交参赛资格规定的修改意见;起草并向代表大会提交奥运会比赛预选方法;为奥运会乒乓球比赛委任一个仲裁委员会、技术代表和比赛官员;从总体上保证奥运会乒乓球比赛同奥林匹克宪章的条文和精神是相符合的;国际乒联奥林匹克委员会将在代表大会期间开会或在主席召集时在其他时间开会。

8. 国际乒联的专门委员会

国际乒联代表大会指定专门委员会研究国际乒联某方面的工作,并通知和协助理事会处理这些方面的事宜。国际乒联共设有器材、新闻、排名、规则、体育科学、议事通则和技术等专门委员会。

9. 国际乒乓球联合会的历任主席介绍

伊沃·蒙塔古(1905—1984年)，国际乒联第一任主席，英格兰人，出身于贵族家庭，享有"多才多艺的国际乒联奠基人"之称。1926年，22岁的蒙塔古当选国际乒联主席，1976年退休后任国际乒联名誉主席。蒙塔古一生为推动世界乒乓球运动的发展作出了巨大的贡献。蒙塔古担任主席后，使乒乓球运动从游戏、娱乐活动发展成有比赛规则和规程的一项竞技体育项目，开创了乒乓球国际竞赛的新纪元。

蒙塔古担任主席时的国际乒联特别强调，开展乒乓球运动的目的是增进友谊，提高球艺。因而其规定不同于世界其他体育组织，如会员只代表乒协，不代表国家，发奖时不升国旗，不奏国歌；运动员无职业和业余之分。这些规定避免了其他国际体育组织经常遇到的很多麻烦。他在任的时间里，乒乓球从一个游戏发展成世界性的体育比赛，几乎遍及世界的各个角落，蒙塔古为此作出了巨大的贡献。1952年蒙塔古首次访问中国，即邀请中国参加翌年举行的第20届世界乒乓球锦标赛和加入国际乒联。在以美国为首的帝国主义集团对中华人民共和国疯狂实行政治、经济和文化封锁的时候，国际乒联是世界上最早向中国敞开大门的国际组织。中国乒协不久即加入了国际乒联。蒙塔古还积极支持中国举办了第26届世界乒乓球锦标赛，从此开创了乒乓球运动的新纪元。我国选手在第28届世锦赛上曾使用几种新的发球方法，遭到一些欧洲国家抗议并以罢赛相威胁。蒙塔古作为该届比赛仲裁委员会主席，从规则出发力证中国运动员发球的合法性。蒙塔古还是世界和平理事会常委，曾获"加强国际和平"列宁国际金奖。1984年11月，这位国际乒联的创始人辞世。他的胸怀、他的境界、他的人格，以及他对乒乓球运动的贡献将永远光照史册。作为一个乒乓球爱好者，你可以不知道拿破仑，然而不可以不知道蒙塔古——乒乓之父。

罗伊·埃文斯(1909—1998年)，国际乒联第二任主席。20岁时开始在威尔士打球，有"乒乓先生"之美称。曾长期担任国际乒联秘书，1979年担任国际乒联主席。由于埃文斯的不懈努力，乒乓球项目列入奥运会比赛，在1988年汉(现为首尔)奥运会期间，时任国际奥林匹克委员会主席的萨马兰奇授予他奥运会银质奖章。1987年的国际乒联代表大会上,埃文斯在主席竞选中以39票对65票败给荻村伊智朗,埃文斯成为国际乒联终身名誉主席。目前男子乒乓球世界杯以他的名字命名,称为"埃文斯杯"。

荻村伊智朗(1932—1994年),国际乒联第三任主席。日本男子乒乓球运动员,体育活动家,曾任日本奥委会主席等职。荻村伊智朗16岁时开始打乒乓球,代表日本共获得12个世界冠军。1970年,荻村伊智朗任国际乒联理事,后任第一副主席,1987年当选为国际乒联主席。1991年,经过荻村伊智朗的努力,朝鲜、韩国双方联合组队参加了第41届世乒赛。国际奥委会于1992年向他颁发了奥林匹克银质奖章。

洛罗·哈马隆德(1932—1995年),国际乒联第四任主席。从1958—1970年,哈马隆德一直执教瑞典国家乒乓球队。1970年当选瑞典乒协主席,1995年被推选为国际乒联主席。哈马隆德先生不幸于1995年10月病逝,作为一位国际体育组织的领导人,他在一些竞赛技术和赛制问题上体现了客观公正态度,在世界乒坛留下不可磨灭的功绩。

徐寅生(1938—   ),国际乒联第五任主席。素有"智多星""有胆有识的乒乓球战略家"之称,是第26届、第27届、第28届世乒赛中国男团冠军主力成员,此后担任中国乒乓球队总教练。20世纪60年代那篇脍炙人口的《关于如何打乒乓球》,在毛主席批示后掀起了体育界乃至全国学习辩证法的热潮。曾为乒乓球运动进入奥运会立下了汗马功劳,并积极推动了40mm大球取代38mm小球,被评为"近三十五年来杰出运动员"之一和"中华人民共和国成立四十五周年体坛四十五英杰"之一。从1977年开始,徐寅生担任国家体委副主任,后任中国乒协主席,历任国际乒联亚洲区副主席,国际乒联第一副主席,1995年年末当选国际乒联主席。2000年5月5日,国际奥委会向徐寅生颁发了奥林匹克勋章。

阿达姆·沙拉拉(1953—   ),第六任国际乒联主席,加拿大人,生于埃及开罗,10岁开始打乒乓球,19岁进国家队,25岁任加拿大国家队教练。曾在加拿大乒乓球协会担任技术指导,很快成为这个协会的执行总裁,为发展加拿大的乒乓球运动作出了很大贡献。此后,他还在加拿大国家奥委会任职。1988年,他成为国际乒联北美理事会成员。1995年,沙拉拉成为国际乒联第一副主席。1999年,在第45届国际乒联代表大会上,沙拉拉当选为国际乒乓球联合会第六任主席。沙拉拉于1999年当选国际乒联主席后,在他的前任徐寅生提出改用大球的提议后,他做了大量的工作。2000年2月在吉隆坡举行第45届世乒赛期间,终于将改用大球变为现实,使乒乓球运动的发展走向了一个新的历史纪元。他的其他改革还包括:11分制改革、发球无遮挡、无机胶水、P5计划等。

托马斯·维克特(1961—),第七任国际乒联主席,德国人,2014年接任沙拉拉成为国际乒联第七任主席,2017年5月31日,国际乒联年度会员大会在杜塞尔多夫举行,国际乒联主席竞选也同时展开。通过投票,托马斯·维克特以118票对92票的优势领先于比利时乒坛名将让·米歇尔·塞弗,成功连任国际乒联主席。

佩特拉·索林,女,第八任国际乒联主席,瑞典人,2021年11月25日当选国际乒联主席,是国际乒联首位女主席,也是奥林匹克大家庭的四位女主席之一。

第二节 乒乓球运动世界三大赛事

一、世界乒乓球锦标赛

(一)世界乒乓球锦标赛的发展历史阶段

世界乒乓球锦标赛(World Table Tennis Championships),简称"世乒赛",由国际乒乓球联合会主办,每届比赛由国际乒乓球联合会授权比赛地乒乓球协会主办。世乒赛包括男女单打、男女双打、混合双打以及男女团体共7个项目的比赛。它是国际乒乓球联合会主办的一项高水平的世界乒乓球大赛,具有广泛的影响力,与乒乓球世界杯、奥运会乒乓球比赛并称为"乒乓球运动的三大赛事"。

1926年1月,在德国柏林举行了一次国际乒乓球赛,共有9个国家的64名男运动员参加了比赛。比赛同时召开了参加国代表会议,在德国乔治·莱赫曼博士的倡议下,会议决定举办欧洲乒乓球锦标赛(即后来的世乒赛)并建议成立国际乒乓球联合会。同年12月,国际乒联正式成立,并把在伦敦举行的欧洲锦标赛命名为第一届世界乒乓球锦标赛,此后每年举办一次。由于第二次世界大战,该项比赛被迫停止8年,1947年在巴黎恢复了第14届比赛,从1959年的第25届开始改为每两年举办一次。2020年12月22日,由于韩国出现的新冠肺炎确诊病例越来越多,国际乒联执行委员会与各洲际协会代表一同决定,取消2020年世界乒乓球团体锦标赛,2021年世乒赛单项赛在美国休斯敦举行,截至2022年,已经举办了56届世乒赛。

在最初的世乒赛中,没有秩序册,所有参赛选手必须在现场等候裁判员点到后进行比赛。运动员着装很随意,有穿长裙的、长裤的,有打领带穿皮鞋的,门票是免费的。当时英国的《泰晤士报》对各项比赛的决赛进行报道并给予较高的评论。此后几十年的时间里,乒乓球运动及世锦赛的发展迅速。到目前,世乒赛的发展大致经历了以下7个历史阶段。

第一阶段:欧洲全盛时期(1926—1951年)。

此阶段共举行了18届世乒赛,其中第13届在埃及举行,其余17届都在欧洲举行,并且绝大多数冠军都被欧洲选手获得,当时欧洲选手在技术上大部分以削球为主。此时的网高为17cm,球台宽为146.4cm,球较软,比较有利于削球打法。第11届世乒赛以后将以上器械作了修改,并限制了比赛时间,规定了"轮换发球法"。这些改变为攻球打法的选手创造了条件,于是出现了一些以攻为主的新打法,但是削球和攻削结合打法仍占当时世界乒坛的主导地位。

第二阶段:日本称雄时期(1952—1959年)。

日本选手在1952年的第19届世乒赛中一举夺得了女团、男单、男双和女双四项世界冠军,打破了世界乒坛欧洲选手的垄断地位,并在这一阶段创造了"长抽攻击型"打法,突破了二十多年来欧洲选手的传统削球防线。直到第25届世乒赛日本队都获得了优异的成绩。

第三阶段:中国乒乓球运动的迅速崛起(1961—1971年)。

1952年,我国正式加入国际乒联并参加了第20届世乒赛,这是我国第一次参加此项赛事。在这次世乒赛上,中国乒乓球男队被评为一级第10名,中国乒乓球女队被评为二级第3名。经过几年的努力,我国乒乓球运动员容国团首次在1959年的第25届世乒赛上夺得男子单打冠军；中国乒乓球队在第26届、第27届、第28届世乒赛上共获得11项冠军。这一阶段我国运动员创造了"快、准、狠、变"独特风格的近台快攻打法，还发展了"稳、低、转、攻"为技术风格的打法，大大推动了世界乒乓球运动的发展。

第四阶段：欧洲选手东山再起阶段（1971—1979年）。

从20世纪50年代初到70年代初二十多年的时间里，欧洲选手经过反复研究，终于找到了自己的"路子"，他们吸收了日本弧圈球和我国快攻的优点，创造出了以弧圈球为主结合快攻的新型打法，在第31届至第35届世乒赛中都取得了比较好的成绩，并获取多项冠军。在这一阶段，匈牙利、瑞典、捷克斯洛伐克、英国等这些具有悠久乒乓球历史的欧洲国家在弧圈技术、战术上有了大幅度提高，而且开展乒乓球运动较晚的国家（如法国等）在技术上也有了显著的进步。乒乓球运动在欧洲的复兴促进了全世界乒乓球技术的发展。

第五阶段：欧亚争夺激烈，中国乒乓球队再现辉煌（1980—1991年）。

第35届世乒赛，中国乒乓球队未完成既定的目标，赛后中国乒乓球队认真总结了失利原因，并加强了对付弧圈球的训练。卧薪尝胆、发奋努力，中国乒乓球队终于在第36届世乒赛上创造了奇迹，取得了所有项目的7项冠军，还获得了5项亚军和3项季军的优异成绩。在第37届至第39届世乒赛的男子项目上，欧洲选手的打法显示出了逼人的势头，而女子项目仍然是中国姑娘的天下，呈现欧亚实力相当、难分秋色的局面。第40届世乒赛，欧洲选手在技术上终于有所突破，形成了全面进攻型打法，而且技术全面、漏洞少，整体实力明显增强，囊括了第40届世乒赛全部项目的冠军。第41届世乒赛上欧洲选手又取得了所有男子项目的冠军，再度取得领先地位。第42届世乒赛男子项目仍然呈现你争我夺的势均力敌的局面，女子项目仍为亚洲领先。第43届世乒赛在我国天津举行，中国乒乓球队占据了天时、地利、人和的优势，再次创造出包揽全部项目7项冠军的辉煌。第44届世乒赛，中国乒乓球队仍然以明显的优势摘取了6项冠军。1999年8月，在荷兰艾恩德霍芬举行的第45届世乒赛单项比赛，中国乒乓球队囊括了全部5项的冠亚军，混双更是包揽了前8名。我国成了一个名副其实的"乒乓王国"。

第六阶段：中国乒乓球队长期保持巅峰地位（1991年至今）。

中国乒乓球女队自从"邓亚萍时代"以来就成为世界乒坛的绝对霸主，长期以来几乎包揽了所有重大比赛的冠军。中国队自1975年获得世乒赛女子团体冠军以来，已获得了两次八连冠。近半个世纪以来，世乒赛女子团体赛冠军争夺中中国乒乓球队仅输掉了两次比赛，分别是在1991年和2010年不敌韩朝联队和新加坡队。

2001年第46届世乒赛，中国乒乓球队又一次包揽所有项目的冠军，这是中国乒乓球队继第36届、第43届之后第三次包揽全部7项冠军。2003年第47届世乒赛丢掉男单金牌后，中国乒乓球队又在第48届和第49届包揽了全部的7项冠军。2009年和2010年第50届世乒赛中，中国乒乓球队获得了除女团冠军外的全部冠军。2011年第51届单项世乒赛，中国乒乓球队包揽了5个单项的全部冠亚军。

截至第51届单项世乒赛结束，中国乒乓球队共获男子团体冠军18个，男子单打冠军16个，男子双打冠军15个，女子团体冠军18个，女子单打冠军19个，女子双打冠军18.5个（其中0.5个是和朝鲜选手合作），混合双打冠军18个。2016年3月6日，第53届世乒赛女子团体决赛中，中国队3∶0击败日本队，第20次获得冠军。2018年5月6日，第54届世乒赛团体赛决赛中，中国男队3∶0击败德国男队，中国女队3∶1击败日本女队，第21次获得冠军。2019年4月22日，在匈牙利布达佩斯进行的国际乒联年度代表大会上，由于韩国出现的新冠肺炎确诊病例越来越多，国际乒联执行委员会与各洲际协会代表一致决定，取消2020年国际乒联世界乒乓球团体锦标赛。

在中国成都举办的2022年第56届世乒赛团体赛上，中国队双双获得金牌，第5次包揽双冠。

（二）世界乒乓球锦标赛项目介绍

世乒赛共设男子团体、女子团体、男子单打、女子单打、男子双打、女子双打和混合双打等7个正式比赛项目，每个项目都有专门的奖杯，并且都是以捐赠者的姓名或国名来命名的。

男子团体赛——斯韦思林杯，由第一任国际乒联主席、英国的伊沃·蒙塔古先生的母亲斯韦思林夫人所赠。

女子团体赛——马赛尔·考比伦杯(第8届才有),由法国乒协主席马赛尔·考比伦先生捐赠。

男子单打——圣·勃莱德杯,由原英格兰乒协主席伍德科先生捐赠,并以伦敦圣·勃莱德乒乓球俱乐部的名称命名。

女子单打——吉·盖斯特杯,是由吉·盖斯特先生捐赠。

男子双打——伊朗杯,由伊朗前国王捐赠。

女子双打——波普杯(第34届才有),由国际乒联前名誉主席波普先生捐赠。

混合双打——赫杜塞克杯,由捷克斯洛伐克乒协原主席赫杜塞克先生捐赠。

世乒赛所有奖杯都是流动的,各项冠军获得者可保留该项奖杯直到下一届世乒赛开始前,在拥有期间可以在奖杯上刻上自己的名字。男女单打选手如果连续获得3次冠军或不连续获得4次冠军,则可以得到由国际乒联制作的一个小于原奖杯一半的复制品,作为永久保留纪念品。除了7个正式比赛项目外,世乒赛还增设了安慰赛和元老杯赛。安慰赛又称朱比列杯赛,在单打比赛中,第一轮被淘汰或在预选赛中被淘汰的选手,均可参加比赛。元老杯赛专门为世界上的各球队队长、出席会议的代表、仲裁委员会的委员等人员设立,以上人员均可报名参加比赛。

2022年10月第56届世乒赛男子团体赛中,中国队以3∶0完胜德国队,实现了该项赛事的十连冠,第22次捧起了斯韦思林杯;中国女队以3∶0战胜日本女队,拿下这届成都世乒赛女团冠军,实现中国女乒考比伦杯5连冠,拿下世乒赛第22个冠军。截至2022年第56届世乒赛,34岁的马龙已经是第8次代表中国乒乓球队参加这项比赛,成为中国乒乓球队出战这项赛事次数最多的运动员。至第56届世乒赛的结束,马龙代表中国队参加男子团体比赛共出场106场,出场次数高得惊人。自2006年起,18岁的马龙开始随队参加了不来梅世乒赛男子团体赛,并拿到了职业生涯首个世界冠军之后,马龙就再没有缺席过这项顶级赛事,成为中国乒乓球队内"定海神针"式的人物,也成为"历史第一人"。

二、奥运会乒乓球赛

1983年10月1日,国际奥委会在联邦德国巴登举行的第84次会议上作出决定,从第24届奥运会起将乒乓球运动正式列为奥运会的比赛项目;到2020年已有9届奥运会举行了乒乓球比赛。前五届奥运会的乒乓球比赛,共设男女单打和男女双打四个项目。2008年起奥运会乒乓球比赛由男单、女单、男团、女团四个项目组成。2020年东京奥运会乒乓球比赛中新增设了混双项目。

历届奥运会乒乓球各项冠军

年份	举办地	男单	女单	男双	女双	男团	女团	混双
1988	汉城（现名首尔）	刘南奎（韩国）	陈静（中国）	陈龙灿、韦晴光（中国）	梁英子、玄静和（韩国）			
1992	巴塞罗那	J.-O.瓦尔德内尔（瑞典）	邓亚萍（中国）	王涛、吕林（中国）	邓亚萍、乔红（中国）			
1996	亚特兰大	刘国梁（中国）	邓亚萍（中国）	孔令辉、刘国梁（中国）	邓亚萍、乔红（中国）			
2000	悉尼	孔令辉（中国）	王楠（中国）	王励勤、闫森（中国）	李菊、王楠（中国）			
2004	雅典	柳承敏（韩国）	张怡宁（中国）	马琳、陈玘（中国）	王楠、张怡宁（中国）			
2008	北京	马琳（中国）	张怡宁（中国）			马琳、王皓、王励勤（中国）	张怡宁、王楠、郭跃（中国）	

续表

年份	举办地	男单	女单	男双	女双	男团	女团	混双
2012	伦敦	张继科（中国）	李晓霞（中国）			王皓、张继科、马龙（中国）	李晓霞、丁宁、郭跃（中国）	
2016	里约热内卢	马龙（中国）	丁宁（中国）			马龙、张继科、许昕（中国）	李晓霞、丁宁、刘诗雯（中国）	
2020	东京	马龙（中国）	陈梦（中国）			马龙、樊振东、许昕（中国）	陈梦、孙颖莎、王曼昱（中国）	水谷隼、伊藤美诚（日本）

三、乒乓球世界杯赛

乒乓球世界杯比赛是国际乒联主办的世界性高水平乒乓球比赛。开始只设男子单打项目，1996年后增加女子单打项目，每年多在不同地点分别举办男女单打赛事。1990—1992年，男女双打项目曾是世界杯乒乓球比赛项目之一，但两届以后就被取消。后来乒乓球世界杯赛增设了团体赛，前四届举办很不规律，现每年举办一次（遇奥运会年停办）。乒乓球世界杯赛为男女单打及男女团体共四个项目（分开举办）；在伦敦举行的2018国际乒联团体世界杯团体决赛中，中国男队、女队双双夺冠。

国际乒联规定世界杯赛参赛者必须是国际乒联包括的六大洲赛事的冠军以及主办国的冠军，剩余的参赛名额必须从国际乒联世界排名榜中挑选，挑选时同一会员国或地区最多只能有2名选手参加。如果上届冠军和近一届世乒赛冠军为同一人，或已有地主选手以冠军身份或国际乒联世界排名顺序取得参赛资格，则产生空缺名额，空缺的参赛名额依国际乒联世界排名顺序决定。国际乒联共邀请20名选手参加乒乓球世界杯赛。受邀选手有退赛权利，退赛名额由其他球员补齐,国际乒联有1张国外卡球员选项。比赛采用先分成4个小组循环、后取小组前2名进行淘汰赛的方法进行,并设有附加赛决出第3名和第4名,第5名并列,根据最后取得名次的高低,领取不同的奖金数目。

历届乒乓球世界杯赛男单冠军和女单冠军

男单冠军				女单冠军			
届数	年份	地点	男单冠军	届数	年份	地点	女单冠军
第1届	1980	中国香港	郭跃华（中国）	第1届	1996	中国香港	邓亚萍（中国）
第2届	1981	马来西亚吉隆坡	T.克兰帕尔（匈牙利）	第2届	1997	中国上海	王楠（中国）
第3届	1982	中国香港	郭跃华（中国）	第3届	1998	中国台北	王楠（中国）
第4届	1983	巴巴多斯布里奇顿	M.阿佩伊伦（瑞典）	第4届	2000	柬埔寨金边	李菊（中国）
第5届	1984	马来西亚吉隆坡	江嘉良（中国）	第5届	2001	中国芜湖	张怡宁（中国）
第6届	1985	中国佛山	陈新华（中国）	第6届	2002	新加坡	张怡宁（中国）
第7届	1986	特立尼达和多巴哥	陈龙灿（中国）	第7届	2003	中国香港	王楠（中国）
第8届	1987	中国澳门	滕毅（中国）	第8届	2004	中国萧山	张怡宁（中国）
第9届	1988	中国武汉	A.格鲁巴（波兰）	第9届	2005	中国广州	张怡宁（中国）
第10届	1989	肯尼亚内罗毕	马文革（中国）	第10届	2006	中国乌鲁木齐	郭焱（中国）
第11届	1990	日本千叶	J.-O.瓦尔德内尔（瑞典）	第11届	2007	中国成都	王楠（中国）

续表

男单冠军				女单冠军			
届数	年份	地点	男单冠军	届数	年份	地点	女单冠军
第12届	1991	马来西亚吉隆坡	J.佩尔森（瑞典）	第12届	2008	马来西亚吉隆坡	李晓霞（中国）
第13届	1992	越南胡志明市	马文革（中国）	第13届	2009	中国广州	刘诗雯（中国）
第14届	1993	中国广州	Z.普里莫拉茨（克罗地亚）	第14届	2010	马来西亚吉隆坡	郭焱（中国）
第15届	1994	中国台北	J.-P.盖亭（法国）	第15届	2011	新加坡	丁宁（中国）
第16届	1995	法国尼姆	孔令辉（中国）	第16届	2012	中国黄石	刘诗雯（中国）
第17届	1996	法国尼姆	刘国梁（中国）	第17届	2013	日本神户	刘诗雯（中国）
第18届	1997	法国尼姆	Z.普里莫拉茨（克罗地亚）	第18届	2014	奥地利林茨	丁宁（中国）
第19届	1998	中国汕头	J.罗斯科夫（德国）	第19届	2015	日本仙台	刘诗雯（中国）
第20届	1999	中国中山	V.萨姆索诺夫（白俄罗斯）	第20届	2016	美国费城	平野美宇（日本）
第21届	2000	中国扬州	马琳（中国）	第21届	2017	加拿大万锦	朱雨玲（中国）
第22届	2001	意大利库马约尔	V.萨姆索诺夫（白俄罗斯）	第22届	2018	中国成都	丁宁（中国）
第23届	2002	中国济南	T.波尔（德国）	第23届	2019	中国成都	刘诗雯（中国）

续表

男单冠军				女单冠军			
届数	年份	地点	男单冠军	届数	年份	地点	女单冠军
第24届	2003	中国江阴	马琳（中国）	第24届	2020	中国山东	陈梦（中国）
第25届	2004	中国萧山	马琳（中国）	第25届	2021	新加坡	孙颖莎（中国）
第26届	2005	比利时列日	T.波尔（德国）	第26届	2022	中国河南	孙颖莎（中国）
第27届	2006	法国巴黎	马琳（中国）				
第28届	2007	西班牙巴塞罗那	王皓（中国）				
第29届	2008	比利时列日	王皓（中国）				
第30届	2009	俄罗斯莫斯科	V.萨姆索诺夫（白俄罗斯）				
第31届	2010	德国马格德堡	王皓（中国）				
第32届	2011	法国巴黎	张继科（中国）				
第33届	2012	英国利物浦	马龙（中国）				
第34届	2013	比利时韦尔维耶	许昕（中国）				
第35届	2014	德国杜塞尔多夫	张继科（中国）				
第36届	2015	瑞典哈尔姆斯塔德	马龙（中国）				

续表

男单冠军				女单冠军			
届数	年份	地点	男单冠军	届数	年份	地点	女单冠军
第37届	2016	德国萨尔布吕肯	樊振东（中国）				
第38届	2017	比利时列日	D.奥恰洛夫（德国）				
第39届	2018	法国巴黎	樊振东（中国）				
第40届	2019	中国成都	樊振东（中国）				
第41届	2020	中国威海	樊振东（中国）				
第42届	2021	新加坡	樊振东（中国）				
第43届	2022	中国新乡	王楚钦（中国）				

历届乒乓球世界杯男子团体、女子团体冠军

届数	年份	地点	男团冠军	女团冠军
第1届	1990	日本千叶	M.阿佩伊伦、J.-O.瓦尔德内尔、J.佩尔松、E.林德（瑞典）	邓亚萍、乔红、高军、陈子荷（中国）
第2届	1991	西班牙巴塞罗那	马文革、王涛、王浩、张雷、谢超杰（中国）	邓亚萍、乔红、刘伟、陈子荷（中国）
第3届	1994	法国尼姆	刘国梁、丁松、林志刚、王浩、秦志戬（中国）	梅利尼克、帕琳娜、提米娜（俄罗斯）

续表

届数	年份	地点	男团冠军	女团冠军
第4届	1995	美国亚特兰大	金泽铢、李哲承、刘南奎 (韩国)	杨影、乔红、刘伟、 乔云萍、邓亚萍 (中国)
第5届	2007	德国马格德堡	马琳、王皓、王励勤、陈玘 (中国)	张怡宁、郭跃、李晓霞、王楠 (中国)
第6届	2009	奥地利林茨	马龙、张继科、许昕、邱贻可 (中国)	郭跃、李晓霞、刘诗雯、丁宁 (中国)
第7届	2010	阿联酋迪拜	马龙、王皓、张继科、 许昕、郝帅 (中国)	郭跃、李晓霞、郭焱、 刘诗雯、丁宁 (中国)
第8届	2011	德国马格德堡	马龙、王皓、许昕、 马琳、王励勤 (中国)	郭跃、李晓霞、郭焱、 丁宁、范瑛 (中国)
第9届	2013	中国广州	张继科、马龙、许昕、 王皓、王励勤 (中国)	李晓霞、丁宁、刘诗雯、 常晨晨、武杨 (中国)
第10届	2015	阿联酋迪拜	张继科、马龙、许昕、 樊振东、方博 (中国)	丁宁、李晓霞、刘诗雯、 朱雨玲、陈梦 (中国)
第11届	2018	英国伦敦	马龙、樊振东、许昕、 林高远、于子洋 (中国)	丁宁、刘诗雯、朱雨玲、 陈幸同、王曼昱 (中国)
第12届	2019	日本东京	马龙、樊振东、许昕、 梁靖崑、林高远 (中国)	丁宁、刘诗雯、陈梦、 孙颖莎、王曼昱 (中国)

第三节 乒乓球运动其他重要赛事

一、世界青少年乒乓球锦标赛

世界青少年乒乓球锦标赛（World Junior Table Tennis Championships）是国际乒联举办的世界青少年比赛，该项比赛的宗旨在于促进和提高全球青少年的乒乓球技术和战术水平。自2003年开始举办，每年一次，世界青少年乒乓球锦标赛共设男子团体、女子团体、男子单打、女子单打、男子双打、女子双打以及混合双打7个项目。

历届世界青少年乒乓球锦标赛团体冠军

届数	时间	举办地点	男团冠军	女团冠军
第1届	2003年12月14日至12月21日	智利圣地亚哥	中国	中国
第2届	2004年11月28日至12月5日	日本神户	中国	中国
第3届	2005年12月10日至12月17日	奥地利林茨	日本	中国
第4届	2006年12月10日至12月17日	埃及开罗	中国	中国
第5届	2007年12月8日至12月15日	美国帕洛阿尔托	中国	中国
第6届	2008年12月6日至12月13日	西班牙马德里	中国	中国
第7届	2009年12月9日至12月16日	哥伦比亚卡特赫纳	中国	中国
第8届	2010年12月4日至12月11日	斯洛伐克布拉迪斯拉发	中国	日本
第9届	2011年11月13日至11月20日	巴林麦纳麦	中国	中国
第10届	2012年12月9日至12月16日	印度海德拉巴	中国	中国
第11届	2013年12月1日至12月8日	摩洛哥拉巴特	中国	中国
第12届	2014年11月30日至12月7日	中国上海	中国	中国
第13届	2015年11月29日至12月6日	法国旺代	中国	中国
第14届	2016年11月30日至12月7日	南非开普敦	日本	日本
第15届	2017年11月26日至12月3日	意大利加尔达湖	中国	中国
第16届	2018年12月2日至12月9日	澳大利亚班迪戈	中国	中国

续表

届数	时间	举办地点	男团冠军	女团冠军
第17届	2019年11月24日至12月1日	泰国呵叻	中国	中国
2020年因新型冠状病毒感染未举办				
第18届	2021年12月2日至12月8日	葡萄牙加亚新城	中国	中国

二、亚洲乒乓球锦标赛

亚洲乒乓球锦标赛是亚洲乒乓球联盟主办的亚洲最高水平的乒乓球比赛之一。1972年9月2日，首届亚洲乒乓球锦标赛在我国北京举行，有31个国家和地区派出代表队参加。在这次锦标赛上，中国队获得女子团体、女子单打两项冠军。

亚洲乒乓球锦标赛每两年举行一届，共设7个正式比赛项目。中国队囊括了第5届、第6届、第7届、第8届、第12届比赛中的全部项目的冠军。

历届亚洲乒乓球锦标赛团体及单打冠军

年份	届数	比赛地点	男团冠军	女团冠军	男单冠军	女单冠军
1972年	第1届	中国北京	日本	中国	长谷川信彦（日本）	李莉（中国）
1974年	第2届	日本横滨	中国	日本	长谷川信彦（日本）	枝野富枝（日本）
1976年	第3届	朝鲜平壤	中国	朝鲜	梁戈亮（中国）	张立（中国）
1978年	第4届	马来西亚吉隆坡	中国	中国	郭跃华（中国）	曹燕华（中国）
1980年	第5届	印度加尔各答	中国	中国	施之皓（中国）	齐宝香（中国）
1982年	第6届	印度尼西亚雅加达	中国	中国	蔡振华（中国）	曹燕华（中国）
1984年	第7届	巴基斯坦伊斯兰堡	中国	中国	谢赛克（中国）	何智丽（中国）

续表

年份	届数	比赛地点	男团冠军	女团冠军	男单冠军	女单冠军
1986年	第8届	中国深圳	中国	中国	江嘉良（中国）	何智丽（中国）
1988年	第9届	日本新潟	中国	韩国	陈龙灿（中国）	何智丽（中国）
1990年	第10届	马来西亚吉隆坡	中国	韩国	王涛（中国）	乔红（中国）
1992年	第11届	印度新德里	中国	中国香港	谢超杰（中国）	唐薇依（中国）
1994年	第12届	中国天津	中国	中国	孔令辉（中国）	邓亚萍（中国）
1996年	第13届	新加坡	韩国	中国	孔令辉（中国）	小山智丽（日本）
1998年	第14届	日本大阪	中国	中国	王励勤（中国）	李菊（中国）
2000年	第15届	卡塔尔多哈	中国	中国	蒋澎龙（中国台北）	林菱（中国）
2003年	第16届	泰国曼谷	中国	中国	王皓（中国）	牛剑锋（中国）
2005年	第17届	韩国济州	中国	中国香港	王励勤（中国）	林菱（中国香港）
2007年	第18届	中国扬州	中国	中国	王皓（中国）	张怡宁（中国）
2009年	第19届	印度勒克瑙	中国	中国	马龙（中国）	丁宁（中国）
2012年	第20届	中国澳门	中国	中国	马龙（中国）	郭焱（中国）
2013年	第21届	韩国釜山	中国	中国	马龙（中国）	刘诗雯（中国）
2015年	第22届	泰国芭提雅	中国	中国	樊振东（中国）	朱雨玲（中国）

续表

年份	届数	比赛地点	男团冠军	女团冠军	男单冠军	女单冠军
2017年	第23届	中国无锡	中国	中国	樊振东（中国）	平野美宇（日本）
2019年	第24届	印度尼西亚日惹	中国	中国	许昕（中国）	孙颖莎（中国）
2021年	第25届	卡塔尔多哈	韩国	日本	李尚洙（韩国）	早田希娜（日本）

历届亚洲乒乓球锦标赛双打冠军

年份	届数	男双冠军	女双冠军	混双冠军
1972	第1届	河野满、井上哲夫（日本）	吴英淑、金昌爱（朝鲜）	长谷川信彦、今野安子（日本）
1974	第2届	长谷川信彦、河野满（日本）	郑怀颖、张立（中国）	河野满、枝野富枝（日本）
1976	第3届	河野满、井上哲夫（日本）	朴英顺、金昌爱（朝鲜）	井上哲夫、岛本美津子（日本）
1978	第4届	赵永浩、尹哲（朝鲜）	朴英玉、金昌爱（朝鲜）	小野诚治、菅谷佳代（日本）
1980	第5届	郭跃华、谢赛克（中国）	张德英、刘扬（中国）	谢赛克、张德英（中国）
1982	第6届	郭跃华、谢赛克（中国）	曹燕华、黄俊群（中国）	江嘉良、童玲（中国）
1984	第7届	谢赛克、滕毅（中国）	戴丽丽、耿丽娟（中国）	谢赛克、戴丽丽（中国）
1986	第8届	滕毅、惠钧（中国）	戴丽丽、何智丽（中国）	惠钧、耿丽娟（中国）
1988	第9届	陈龙灿、韦晴光（中国）	梁英子、玄静和（韩国）	刘南奎、玄静和（韩国）
1990	第10届	金成熙、金国哲（朝鲜）	乔红、胡小新（中国）	刘南奎、玄静和（韩国）

续表

年份	届数	男双冠军	女双冠军	混双冠军
1992	第11届	李哲承、姜熙灿（韩国）	唐薇依、应荣辉（中国）	刘国梁、邬娜（中国）
1994	第12届	刘国梁、林志刚（中国）	刘伟、乔云萍（中国）	孔令辉、邓亚萍（中国）
1996	第13届	孔令辉、刘国梁（中国）	李菊、王楠（中国）	马琳、邬娜（中国）
1998	第14届	刘国梁、马琳（中国）	柳智惠、李恩实（韩国）	王励勤、王楠（中国）
2000	第15届	蒋澎龙、张雁书（中国台北）	李恩实、石恩美（韩国）	杨影、阎森（中国）
2003	第16届	李静、高礼泽（中国香港）	李楠、郭焱（中国）	李楠、刘国正（中国）
2005	第17届	高礼泽、李静（中国香港）	郭焱、刘诗雯（中国）	王励勤、郭跃（中国）
2007	第18届	马龙、郝帅（中国）	郭跃、李晓霞（中国）	吴尚垠、郭芳芳（韩国）
2009	第19届	马龙、许昕（中国）	丁宁、李晓霞（中国）	马龙、李晓霞（中国）
2012	第20届	高宁、杨子（新加坡）	郭焱、丁宁（中国）	许昕、郭焱（中国）
2013	第21届	闫安、周雨（中国）	朱雨玲、陈梦（中国）	李相秀、朴英淑（韩国）
2015	第22届	樊振东、许昕（中国）	金慧星、李美英（朝鲜）	樊振东、陈梦（中国）
2017	第23届	樊振东、林高远（中国）	朱雨玲、陈梦（中国）	周雨、陈幸同（中国）
2019	第24届	梁靖崑、林高远（中国）	丁宁、朱雨玲（中国）	许昕、刘诗雯（中国）

续表

年份	届数	男双冠军	女双冠军	混双冠军
2021	第25届	户上隼辅、宇田幸矢（日本）	田志希、申裕斌（韩国）	户上隼辅、早田希娜（日本）

三、中国乒乓球公开赛和全国乒乓球锦标赛

(一)中国乒乓球公开赛简介

1988年，国际乒联理事会在利雅得会议上确认了当年6月11日至14日在中国广州举办中国乒乓球公开赛，当时将该项赛事列为大奖系列赛中的A级比赛。目前该项比赛是国际乒乓球联合会举办的国际乒联职业巡回赛系列中的一站，每年举办一次。该项赛事设男子单打、女子单打、男子双打、女子双打、U21男子单打、U21女子单打6项比赛。2009年，苏州凭借出色的软硬件条件获得了2009—2013年中国乒乓球公开赛的承办权，且奖金额度提高至33万美元，吸引了德国、韩国、新加坡、日本、法国、波兰、英国、朝鲜等国家和地区的球队，特别是知名运动员参加。2018年中国乒乓球公开赛增设混合双打项目。中国乒乓球公开赛曾在上海、广州、南京等城市举办，每年都有世界十多个乒乓球强国的百余名优秀运动员参加，已在国际体坛上具有较高地位，成为具有较大国际影响力的知名赛事。

历届中国乒乓球公开赛冠军

年份	地点	男单冠军	女单冠军	男双冠军	女双冠军	混双冠军
1988	广州	许增才	何智丽	陈龙灿、韦晴光	内山、吉川	
1989	上海	陈志斌	邓亚萍	于沈潼、马文革	陈静、邓亚萍	
1991	北京	吕林	乔红			
1992	成都	马文革	邓亚萍			
1993	杭州	J. M. 塞弗	邓亚萍			
1994	大连	王涛	刘伟	王涛、吕林	刘伟、乔云萍	
1995	汕头	孔令辉	王楠	王涛、刘国梁	王晨、邬娜	

续表

年份	地点	男单冠军	女单冠军	男双冠军	女双冠军	混双冠军
1996	西安	孔令辉	王晨	孔令辉、刘国梁	王晨、邬娜	
1997	珠海	Z.普里莫拉茨	李菊	孔令辉、刘国梁	柳智惠、李恩实	
1998	济南	刘国梁	王楠	马琳、秦志戬	杨影、邬娜	
1999	桂林	刘国正	李菊	王励勤、闫森	李楠、林菱	
2000	长春	王励勤	李菊	王励勤、闫森	杨影、孙晋	
2001	海口	王励勤	王楠	王励勤、闫森	牛剑锋、白杨	
2002	青岛	王励勤	王楠	柳承敏、李哲承	李恩实、石恩	
2003	福州	马琳	张怡宁	陈玘、马琳	李菊、白杨	
2004	无锡	马琳	曹臻	马琳、陈玘	曹臻、李晓霞	
2004	长春	王励勤	张怡宁	孔令辉、王皓	王楠、张怡宁	
2005	哈尔滨	王励勤	郭跃	孔令辉、马龙	郭焱、郭跃	
2005	深圳	王励勤	李晓霞	陈玘、王励勤	郭跃、张怡宁	
2006	昆山	马琳	王楠	陈玘、王励勤	王楠、张怡宁	
2006	广州	T.波尔	张怡宁	郝帅、王励勤	高军、沈燕飞	
2007	南京	马琳	郭跃	陈玘、王皓	郭跃、李晓霞	
2007	深圳	王皓	张怡宁	马琳、王皓	郭焱、郭跃	
2008	长春	王皓	张怡宁			
2008	上海	郝帅	李晓霞	马琳、王励勤	姜华珺、帖雅娜	
2009	苏州	马龙	刘诗雯	岸川圣也、水谷隼	郭跃、李晓霞	
2009	天津	王皓	刘诗雯	李平、郝帅	丁宁、刘诗雯	
2010	苏州	张继科	李晓霞	马琳、许昕	郭跃、李晓霞	
2011	深圳	马琳	文佳	马龙、王皓	郭跃、刘诗雯	
2011	苏州	马龙	郭焱	马琳、张继科	郭跃、郭焱	
2012	上海	许昕	李晓霞	马龙、王皓	姜华珺、李皓晴	
2012	苏州	郝帅	陈梦	王励勤、许昕	陈梦、朱雨玲	
2013	长春	马龙	李晓霞	马龙、T.波尔	郭跃、刘诗雯	
2013	苏州	马龙	陈梦	马龙、许昕	陈梦、朱雨玲	

续表

年份	地点	男单冠军	女单冠军	男双冠军	女双冠军	混双冠军
2014	成都	马龙	丁宁	马龙、樊振东	刘诗雯、丁宁	
2015	成都	马龙	朱雨玲	樊振东、许昕	陈梦、刘诗雯	
2016	成都	樊振东	丁宁	马龙、张继科	陈梦、朱雨玲	
2017	成都	D.奥恰洛夫	丁宁	吉村真晴、上田仁	刘诗雯、丁宁	
2018	深圳	马龙	王曼昱	樊振东、林高远	丁宁、朱雨玲	林高远、陈幸同
2019	深圳	马龙	陈梦	T.波尔、P.弗朗西斯卡	刘诗雯、顾玉婷	林昀儒、郑怡静

(二)全国乒乓球锦标赛

全国乒乓球锦标赛由国家体育总局乒羽中心主办,每年举行一次,是我国历史最悠久、规模最大、竞技水平最高且最具影响力的乒乓球正规传统赛事。全国乒乓球锦标赛素有"小世锦赛"之称。该赛事目前共设男子团体、女子团体、男子单打、女子单打、男子双打、女子双打及混合双打7个项目。

第一届全国乒乓球锦标赛于1952年10月在北京举行,当时有全国的6大行政区和全国铁路系统体育协会共62名运动员参加比赛。1966年因"文化大革命"而停止,1972年恢复比赛,并新增加了中国大学生乒乓球协会、上海港务局和保定、汕头等省属市参赛单位。所有参赛队均可参加两个阶段的比赛,所有获得男女团体赛前16名的队为甲级队,17名以后的队为乙级队。当时规定在男女团体赛中至少有一名直拍打法的运动员出场,而5个单项比赛(男单、女单、男双、女双、混双)均采用淘汰制的比赛方法。

思考题

1. 请简要介绍世界乒乓球锦标赛的发展历史。
2. 请简要介绍世界乒乓球三大赛事。

第二章　现代校园乒乓球文化教学功能拓展

第一节　乒乓球文化的基本描述

一、乒乓球文化的基本理解

人类创造了体育，从中衍生出了体育文化。体育究其本质上来说是一种社会文化现象，同时也是文化的重要组成部分和表现形式之一，与之相似的还有音乐等。体育诞生于各类社会活动，又作为社会文化的一部分而相对独立发展和变化。一方面，其来源的社会文化决定和制约着它的发展；另一方面，体育文化又作为重要组成部分不断扩充社会文化的意义内涵。乒乓球运动作为体育的一个分支项目，具备了体育文化特征和属性，随着乒乓球运动的发展，逐渐形成了独具项目特色的乒乓球运动文化内涵。

乒乓球运动从最初游戏阶段发展成为现在具有完整体系的奥林匹克运动竞技项目，其整个发展历程是形成乒乓球文化的宝贵财富。

从乒乓球技战术的发展、竞赛管理体制的建立，再到乒乓球运动价值的显现和思想观念的形成等全方位的发展过程中，彰显出现代社会高度发展的精神文明。在历史实践中自然形成了具有专项特征的乒乓球文化，在某种程度上，也成为了社会文化的一个缩影。

二、乒乓球文化与中国传统文化的相融性

（一）中国传统文化中"天人合一"的整体观思想

中国人的这种统一的思维方式，形成了中华民族的思维惯性，几千年来在中国传统文化的思想体系中，表现出了明显的、强烈的集体意识。

中国传统文化对乒乓球运动的发展有着潜移默化的影响,塑造了中国乒乓球队自强不息的民族心理和爱国主义精神,在乒乓球运动的开展中与中华民族荣辱与共,二者紧密结合在一起,从而将乒乓球运动锻造成为一面鲜亮的爱国主义旗帜。因此,我们纵观中国乒乓球运动的发展历史,不难发现中国乒乓球队无论遇到什么艰难险阻,始终以实现国家和集体的总目标为前提,在此基础上妥善地化解各种矛盾,克服种种困难而努力实现目标。20世纪60年代初,一批优秀的乒乓球运动员为了能帮助主力运动员去适应和战胜外国选手的新技术和新打法,甘愿放弃自己原有的技术风格去学习模仿国外运动员的打法来锻炼主力运动员对各种打法的适应能力,甘当主力队员的陪练和铺路石,情愿做"走在世界冠军前面的人"。在中国乒乓男队处于低谷时,蔡振华主动放弃在意大利执教的优厚待遇,毅然决定回国任教,担任男队的主教练,主动挑起了打翻身仗的重担。类似实例在中国乒乓球队不胜枚举,这充分体现了中国乒乓球队的爱国主义、集体主义,敢于担当民族复兴大任的优秀传统思想。

(二)中国传统文化中刚柔相济、兼容并蓄的中庸思想

乒乓球运动是一项全世界范围内的竞技体育运动,然而在这项运动的发展过程中,无不呈现民族文化的多样性和差异性。

西方体育文化更加崇尚感性的力度之美和奥林匹克精神,运动风格表现出激情、张扬、冒险的特点,欧洲乒乓球运动员打法类型是几乎清一色的横拍两面弧圈结合快攻打法。他们的技术风格看上去凶猛暴力、激情四射、酣畅淋漓。其代表为法国运动员盖亭、罗斯科夫,他们在取得辉煌成绩,赢得掌声和欢呼的同时,也暴露出了打法单一,过于刚硬,情绪波动大的缺点,使得难以长久稳定地发挥实力水平。然而,受中庸之道影响的中国人,有着多种多样的打法类型,技术全面、灵活多变、反应灵敏,既具有很强的战术安排,又具有迎难而上、顽强拼搏的意志品质。从技术上来看,中国乒乓球运动员不仅有占据上风的直拍近台快攻打法技术,还有直、横拍快攻结合弧圈型打法为主的技术,刚柔并济,充分发挥了速度优势和前三板优势。同时结合旋转再配合灵活多变的战术,比赛中常能抢先一步取得主动权,灵活地控制和调动对方,从而在比赛中取得优势,在比赛落后时也能咬住比分,以极其顽强的拼搏精神转败为胜。观众看中国乒乓球运

动员打球,犹如欣赏一场斗智斗勇的决斗,又如阅读一部跌宕起伏的小说,引人入胜。

乒乓球运动是一项隔网对抗的技术性很强的高技能、高体能、高智能的运动项目。由于受乒乓球器材规格的限制影响,该项运动特别强调击球时球的旋转、速度与落点的变化,同时还要求运动员刚柔相济、适度发力,快、准、狠、变、转、稳的恰当运用才是该项目的制胜规律。应该说乒乓球运动是一项感性中有理性,肉体中有精神,富有哲理的运动,乒乓运动正契合了中国人的思维习惯和精神传统,它与中国传统文化中的动静相宜、刚柔相济、取法中正的思想有直接的渊源关系。

(三)中国儒家的"和而不同"思想

中国儒家的"和而不同"思想可以说是中国乒乓球队打法多样、百花齐放技术风格的文化支撑。历史上,中国人一直在努力吸收和融合外来优秀文化。例如,中国的道家和儒家文化思想与印度的佛教思想是两种不同的文化,但是中国人一直把佛教文化进行吸收与融合,充分显示中国传统文化的极大包容性。

"和而不同"这一指导思想贯穿了中国乒乓球运动项目发展过程的始终,20世纪60年代中国乒乓球队首创的直板快攻的技术打法处于明显的领先地位。同时,中国乒乓球队仍然不断学习欧洲、日本的长处,兼容发展了多种打法,从而形成了属于自己的乒坛小世界,具备并掌握了世界上五大类十几种打法的所有技术能力,为乒乓球比赛做好了充分的准备。因此,中国乒乓球队在历届世界大赛中常出奇兵,经常有小将一鸣惊人地把世界名将拉下马,因为他们早已针对世界名将进行模拟训练,磨炼和研究克敌制胜的本领。中国乒乓球队奉行的"百花齐放,以我为主,采诸家之长,走自己的路"的技术发展政策,充分蕴含了中国传统文化的精神内涵,也是在承认打法多样性的基础上的"和而不同"的文化价值取向和"多样共生"的包容思想。盛不忘衰,安必思危,乒乓球在中国枝繁叶茂,必然有它深厚的文化底蕴。

第二节 校园乒乓球教学教育功能拓展

一、乒乓球运动人文精神的基本内涵

（一）以人为本的人文精神

社会的发展首先是以人的发展为前提的。社会发展的最终目标也是以实现人本身的全面发展，是人们对美好生活的追求和向往的精神，同时在追求幸福生活中不断发展。

乒乓球运动的发展经过了100多年的漫长历史，到现在已经成为奥运会项目之一，是一项具有巨大世界影响力的体育项目，已经形成了独特的乒乓球文化体系，在这种文化体系中，充分体现了人们追求精神和身体完美和谐发展、以人为本的发展目标和奥林匹克运动的人文精神。乒乓球运动在我国的发展和影响更是深得人心，极大地促进了人们的身体健康和人文精神的发展。

（二）奋斗不息精神

纵观乒乓球运动的发展历史，乒乓球运动从一项游戏发展为一项奥林匹克竞技运动项目，乒乓球这项运动本身就是一个生生不息、奋斗不止的奋斗历史。在数不尽的乒乓球运动训练、竞技比赛的长河里展现了无数个乒乓球运动员奋斗不息的英雄主义精神。容国团"人生能有几回搏"的精神激励着一代又一代的中国体育人，使当代中国涌现出无数个乒乓球超级巨星，他们的事迹无不体现出中国人用实践展现了奋斗不息和积极向上的民族精神。

（三）发展创新精神

创新与发展是人类进步的推动力，竞技乒乓球运动中，谁有技术上的创新能力，谁就会引领这项运动的发展，这也是乒乓球文化的核心。据不完全统计，在乒乓球发展历史上，中国乒乓球队创造发明了20多项新打法技术。运动员在实践中不断地执行规则并适应规则，结合自身特点创造出新的技术和更科学的方法。不断地创新是中国乒乓球队的追求目标，是乒乓球文化的灵魂，这种创新发

展的思想已经将乒乓球文化融入社会文化和实际生活中的各个领域。

(四)谦虚谨慎、胜不骄、败不馁的精神

"谦虚谨慎、胜不骄、败不馁"是中华民族的优良品格。中国乒乓球队坚持"百花齐放,以我为主,采诸家之长,走自己的路"的技术发展政策,该政策的确立,体现了乒乓球文化宽容博大、不断进步的特征。实践中,中国乒乓球队在长期领先的基础上,不断引进和吸纳国外乒乓球技术文化,虚怀若谷,对自身严格要求,不骄不躁,创造了一个个骄人的战绩,展现给世界人民一个全新的、进步的乒乓球文化。

(五)以和为贵、求同存异、合作共赢的外交精神

当中国乒乓球运动水平处于世界领先水平时,我国大量优秀的乒乓球运动员被派到世界各国进行乒乓球技术及文化的推广与传播,极大地推动了世界乒乓球运动的发展水平,为世界乒乓球运动的发展作出了巨大的贡献。20世纪70年代的"乒乓外交"促成了中美的和平建交,奠定了中美乒乓球运动员友谊的基础,搭建了中美人民友谊的桥梁。"小球推动地球"是乒乓球运动发挥重要政治、经济、文化价值的经典特征。

(六)吃苦耐劳、勤奋上进、坚韧不拔的民族精神

中国乒乓球队的辉煌成绩体现了中国人民吃苦耐劳、勤奋上进的精神,中华民族是世界公认的勤劳吃苦、严于律己、勇于奉献的优秀民族,中国乒乓球队继承了中华民族的优秀文化和传统美德。中国乒乓球队在训练上强调"高标准、严要求",刻苦训练、顽强拼搏的精神早已成为中国乒乓队的队风和光荣传统,每一名优秀的运动员都是用吃苦勤奋的历程铸就了自己的成功之路,也为中华民族赢得了美誉。

二、校园乒乓球运动的思想品德教育功能

(一)为国争光的爱国主义情感教育

列宁指出:"爱国主义就是千百年来固定下来的对自己祖国的一种最深厚的感情。"这是一种对祖国的热爱,对祖国前途和命运关心的思想情感,对民族利益的无限忠诚和为祖国的独立富强、繁荣、发展而无私奉献、艰苦奋斗的精神和实践。在我国享有"国球"称号的乒乓球运动,在半个世纪的发展中,为我国的国际政治、文化、体育形象等各领域作出了卓越的贡献。毫无疑问,乒乓球运动是一项具有强大的凝聚力与向心力的体育项目,高校学生通过参与乒乓球运动的教学、训练、比赛,以及与之相关的文化活动,很容易激发对乒乓球的热爱和民族自豪感,有助于培养和增强学生责任感、使命感以及奉献精神。

(二)创新与发展的思想品德教育

中国乒乓球队提出并践行了"创新则兴,不创新则衰"的人文思想,创新精神在中国乒乓球历史发展过程中,无论是技术方法还是人文思想均已经充分体现出来,"创新与发展"这一精神可以说用在中国乒乓球队是再合适不过了。这种创新精神具体表现为突破传统,敢于冒险,善于从实践中发现问题,敢于反思和否定自己。高校学生在参与乒乓球教学训练或比赛中,能够有效地培养学生的创新精神。

(三)塑造学生健全的人格教育

学生要想练好乒乓球技术,必然要有谦虚好学、刻苦认真、坚韧不拔、善于协作的良好态度和思想品质,这些品质正是塑造学生健康向上的完美人格的极佳途径。

三、高校乒乓球教学的思想政治教育功能

在高校中,乒乓球课程是最受学生喜爱的课程之一,结合乒乓球运动特点,

在大学生的乒乓球教学各环节中渗透思想政治教育是大学教师的光荣职责,有利于实践现代教育理念,落实教学任务,创新教学内容,提高教学效果,有利于陶冶学生情操,净化学生灵魂,促进学生全面发展和健康成长。在乒乓球教学中融入思想政治教育应坚持实事求是,用情感启发学生。努力做到润物细无声地渗透爱国主义教育、集体主义教育、意志品质教育和完善人格教育等。

(一)高校乒乓球教学的爱国主义教育功能

我国乒乓球运动员在各种大小乒乓球比赛中获得了百余次世界冠军,创造了无数个经典战例。培养了近百名世界级运动员,也赢得了数亿乒乓球迷的心,乒乓球运动不仅为我国争得了无数次荣誉,也为我国的政治、经济、文化发展作出了重要贡献。从容国团获得第一个乒乓球世界冠军,也是中国体育史上的第一个世界冠军,到闻名世界的中美"乒乓外交",无不令中国人深受鼓舞振奋、极大地激发了中国人的爱国主义情感。

要充分利用乒乓球运动项目自身强大优势,激发当代大学生的民族自豪感、自信心和爱国热情。通过介绍运动员的"乒乓精神",在潜移默化中培养当代大学生的爱国主义情怀,帮助学生树立报效祖国的远大理想。

(二)高校乒乓球教学的集体主义教育功能

中国国家乒乓球队是以弘扬集体主义精神为主旋律的战斗集体,中国乒乓球队之所以能够长盛不衰,除了运动员的顽强拼搏和科学的训练外,还有一个很重要的原因就是我国乒乓球队有一种高度协作的集体主义精神。这种集体主义精神不仅体现在运动员身上,还体现在教练员及工作人员等整个集体队伍的密切配合与高度团结,形成了一个勇于开拓创新、团结协作的战斗团体。这种集体主义精神必将给高校学生带来深刻的教育意义。

(三)高校乒乓球教学的法治意识,核心价值观的教育功能

在各种教学比赛课堂中,会涉及比赛规则、团队组合、战略战术、诚实守信、公平公正、正当竞争等实践内容,可以说是培养学生道德品质和政治素养的极好课堂。既可以培养学生遵守规则、遵纪守法的法治意识,提高同学之间协作能

力,引导学生在集体比赛活动中与他人沟通合作,在集体荣誉感下,促进学生学会与人和平相处、友好合作的能力,还可以强化学生适应社会的能力,使其在社会发展中快速抓住机遇,助力学生在社会生活中更高质量的发展。结合课堂内容还可以激发学生对社会主义核心价值观的学习兴趣,并使学生牢记"富强、民主、文明、和谐,自由、平等、公正、法治,爱国、敬业、诚信、友善"的社会主义核心价值观。

(四)高校乒乓球教学对树立革命乐观主义和革命英雄主义精神的教育功能

结合课堂比赛体验和观看优秀运动员的比赛视频,其目的在于通过学生自己反复欣赏、观摩和思考的过程,了解我国优秀运动员可贵精神、精湛的技艺和强大的心理素质以及胸怀祖国,为国争光的信念,加深对所学内容的理解,懂得我国优秀乒乓球运动员夺冠背后是一种伟大的"乒乓精神"支持下取得的辉煌。

四、高校乒乓球课堂教学中融入思政元素的探索

(一)通过理论课堂引导学生深入学习和理解课程思政元素的内涵

利用理论课堂反复向学生讲授思政内涵和意义,增加思政内容知识点学习次数和频率,直观上不断强化知识印象。例如,要求学生思考乒乓球课与思政有关内容,并完成相关内容论文,作为期末考核内容的一部分。其目的在于通过学生主动广泛查阅资料,开阔思维创新能力,在主动学习和思考的过程中加深对知识点的理解和掌握、提升学习效果。

(二)在乒乓球技术实践课中融入思政元素和德育教育内容

1. 在技术教学中强调端正学习态度,帮助学生树立克服困难的信心

乒乓球是一项速度快、变化多、技术性强的竞技体育运动,需要小肌肉群快速做出一系列复杂多变的技术动作,对于多数初学的同学来讲很容易产生畏难

情绪,失去兴趣和信心。因此在课堂上教师需要向同学们耐心客观地分析清楚技术难度的重点,帮助学生树立克服难点的信心和积极向上的学习态度等优良品德。并将这些品德素养表现作为学态分计入期末总成绩中,使学生懂得端正的学习态度、良好的思想品德的重要性。

2. 课堂中以强帮弱的互助教学法培养学生树立团结友爱,共同进步的集体观

在课堂练习中,教师强调水平高的同学和弱些的同学配对组合,表扬和鼓励主动辅导他人的同学,让学生明白在帮助别人提高技术的同时提高自己的控球能力和观察分析问题能力,以及耐心热心的良好品质。在互助学习过程中,融洽同学关系,活跃课堂气氛,培养团结友爱、共同进步的集体观念。

3. 用教师陪练学生的方法激发学生学习兴趣和学习热情

通过教师对同学们的陪练,使学生迅速体验到成功的乐趣,大大激发学生的学习兴趣和热情。根据全班同学人数较多的情况,教师可以每人陪练2分钟左右的时间,以保证全班同学都有机会得到教师的指导与陪练。这样能有效增进师生感情,培养学生的耐心,激发学生学习兴趣和热情。

4. 在课堂比赛教学环节中培养法治意识、集体主义精神

在各种教学比赛中,会涉及比赛规则、团队组合、战略战术、诚实守信、公平公正、正当竞争等实践内容,这是培养学生道德品质和政治素养的极好课堂。实践证明,大多数学生喜爱课堂教学比赛的环节,学生认为"打比赛很有意思,意犹未尽"等感受溢于言表。无形中可以培养学生的遵守规则、遵纪守法的法治意识,培养学生的集体荣誉感、友好合作能力以及适应社会的能力。结合课堂内容还可以激发学生对社会主义核心价值观的学习兴趣。

(三)乒乓球课程教学是思政教育的良好载体和资源

在乒乓球课堂中合理融入思政和品德教育,可以让学生更直接地感受到爱国情怀,促进学生形成爱祖国、爱人民的正确观念;在乒乓球教学中渗透和融合德育教育,有助于引导学生思想正向发展,促进学生的身心健康发展;作为公共学科的乒乓球课程,能为高校思政教育提供丰富的资源,为高校在实践立德树人的教学理念道路上,显示出这门课程的独特魅力和教育功能;教师在做好专业知

识传授工作的同时,还要做好课程思政课堂设计工作,将思想品德教育内容和思想政治元素合理恰当地融入完整的学科体系中。

思考题:
1. 乒乓球运动的人文精神内涵有哪些?
2. 校园乒乓球教学的思想政治教育功能有哪些?

第三章　现代乒乓球运动与健康

乒乓球运动是深受我国人民喜爱的运动项目之一,在全民健身中占有很重要的地位。长期打乒乓球能使人快乐,使身体健康水平有明显的提升,能培养爱国敬业、自信自强、勇敢顽强等优良的思想品质。

第一节　健康的基本含义和内容

人的生命只有一次,在物质文明和精神文明高度发展的今天,世界局势正处于动荡变化时期,突如其来的新冠疫情向全世界人民发起了保卫健康、保护生命的大挑战。早在20世纪,就有多位诺贝尔奖获得者讨论认为"21世纪最重要的问题是健康",21世纪以来人类将迎接多方面严峻挑战、而就每个人而言,最大的挑战正是如何保持健康的身心状态,以适应高度发展的现代社会。

一、健康的含义

随着现代社会经济、文化、科技等全面发展和进步,人们对健康的认识水平不断提高,使健康的含义在不断升华。人们对健康的认识经历了三个阶段,即医学定义阶段,生物医学阶段,以及生物、心理、社会医学阶段。人们已经认识到心理、精神、社会因素对人的健康有巨大的影响。

早在1989年,世界卫生组织(WHO)就进一步完善了健康定义:"健康不仅是没有疾病,而且包括躯体健康、心理健康、社会适应良好和道德健康。"认为只有这四个方面健康才算是完全的健康,这一概念突破了医学的界限,扩大了健康的内涵,从涉及人类生命的生物、心理、社会和道德四个基本层面阐述健康,形成了四维健康观。

二、健康标准

(一)世界卫生组织对健康提出的十条标准

健康的标准与科技发展、生活水平呈正相关,随着社会的高速发展与变化,人们对健康的要求也随之升高。世界卫生组织根据健康的定义提出了健康十条标准。

(1)有充沛的精力,能从容不迫地担负日常的繁重工作。

(2)处事乐观,态度积极,勇于承担责任,不挑剔所要做的事。

(3)善于休息,睡眠良好。

(4)身体应变能力强,能适应外界环境的变化。

(5)能抵抗一般性感冒和传染病。

(6)体重适当,身体匀称,站立时,头、肩、臂位置协调。

(7)眼睛明亮,反应敏捷,眼睑不发炎。

(8)牙齿清洁,无龋齿,不疼痛,牙龈颜色正常且无出血现象。

(9)头发有光泽,无头屑。

(10)肌肉皮肤有弹性,走路感到轻松。

(二)我国健康的十大标志

(1)眼睛明亮、炯炯有神——精力旺盛,精气神足。

(2)声音清晰、呼吸从容——心肺功能良好,体力充沛。

(3)二便规律、排泄通畅——泌尿与消化系统功能正常。

(4)身体灵活、行动敏捷——肌肉、筋骨、关节强。

(5)不胖不瘦、形体适中——慢性病危险因素降低。

(6)牙齿坚固、咀嚼力强——骨骼坚实,肾气充足。

(7)脉搏清晰、和缓有力——血脉通畅,气血两调。

(8)张弛有度、睡眠沉稳——神经系统调节良好。

(9)充满信心、悦纳自己——自我欣赏,发展更好。

(10)适应环境、公允待人——客观看人,和谐处世。

三、健康的内容

（一）生理健康

生理健康是人体健康的重要前提和物质基础，是健康的物质载体。生理健康代表一个人的生理功能状态，即在正常的情况下，有机体功能的完好运行与最佳状态，表现出充沛的体力、饱满的精神，能适应现代社会节奏，能轻松完成日常生活和社会活动。生理健康具体从以下生理、生化的常规指标中表现出来。

1. 常规生理指标

血压

血压是指血液在血管内流动时作用于单位面积血管壁的侧压力，也称动脉血压。心室收缩时血液大量摄入血管，主动脉压力急剧升高，在收缩期的中期达到最高，这时的动脉血压值称为收缩压；心室舒张时，主动脉压下降，在心舒末期动脉血压处于最低值，称为舒张压；收缩压与舒张压之差称脉压差。血压在一定程度上反映心肌收缩力量的大小和血管弹性。

心率

心率是指人体心脏每分钟搏动的次数。安静时成人心率一般为60~100次/分。临床上安静时的心率超过100次/分为心动过速，低于60次/分为心动过缓。经过长期而系统的体育锻炼的人由于心肌力量好，安静时心率明显慢一些，比如长跑、游泳、足球等运动员安静时的心率可达到50次/分左右。

呼吸

机体在新陈代谢过程中，需要不断地从外界环境中摄取氧气并呼出二氧化碳，这种机体与外界环境之间的气体交换的过程称为呼吸。正常成人呼吸次数是16~20次/分，可随活动、情绪、疾病等因素有所改变。

肺活量

肺活量是指一个人全力吸气后尽力呼气的气量。肺活量是一种常用的反映呼吸功能的指标，它和身高、体重、胸围呈正相关。一般情况下，身体越强壮的人，肺活量越大。肺活量反映的是静态气量，与呼吸的深度有关。正常成年人肺活量，男性为3500~4000ml，女性为2500~3000ml。

最大吸氧量

最大吸氧量是指人体在进行有大量肌肉群参加的力竭性运动中,当氧运输系统中的心泵功能和肌肉的用氧能力达到本人的极限水平时,人体每单位时间所能摄取的氧量。直接反映个人的最大有氧代谢能力,标志一个人氧运输系统功能的强弱。

2. 身体形态指标

身高

身高是指人站立时头顶正中线上最高点到地面的最大垂直距离。它是反映人体骨骼发育状况和人体纵向发育水平的重要指标。就某一个体而言,清晨起床时最高、夜晚最低。因此,测量身高的时间最好在上午10时。身高随年龄增长而降低,正常人以20~30岁为最高峰。40岁以后,年龄每增加10岁,身高就降低1~2cm。

体重

体重是人体横向发育指标,它反映人体骨骼、肌肉、脂肪及内脏器官综合情况的发育程度。体重大小受年龄、性别、身高、季节、生活条件、体育锻炼、疾病等因素的影响。

(1)成年人标准体重。

全球常用体重指数标准=体重(kg)/身高(m^2),所得指数结果在18.5~23.9是标准体重;低于18.5为体重不足,易出现低血压、低血糖、头疼、体力不足、免疫力低下等症;大于24为超重,易患高血压、高血脂、脂肪肝等;大于28为肥胖,易患高血压、高血脂、心脑血管疾病、肥胖症、糖尿病、脂肪肝等。

(2)儿童的标准体重。

1~6个月婴儿(g)=出生时体重(g)+月龄×0.7。

7~12个月婴儿(g)=6000(g)+月龄×0.5。

1~12岁儿童(kg)=实足年龄×2+8。

体型

倒梯形(健康体型)。这是指肩宽腰窄的情况,是标准的健康体型。一般肩与腰的比例是3:2(肩3,腰2)。

苹果形(不健康体型)。又称"将军肚"形,肚子大,胳膊腿短粗,此类型人通常脂肪沉积在上腹部、皮下及腹腔内,较肥胖,男性中青年较多,女性老年较多。

梨形(不健康体型)。此类型多为肥胖者,是指肚子大而上下肢细长。脂肪主要沉积在下腹部及臀部,缺乏运动锻炼的人表现最突出。

现在很多人不注意饮食的科学性,年纪轻轻,体型已经成为苹果形或梨形的肥胖者了。两种肥胖体型都不好,苹果形肥胖的危害最大,脂肪在心脏、肝脏、胰脏周围聚集,更易患冠心病、脂肪肝、糖尿病等。人体中脂肪越多,胰岛素抵抗就越重,肥胖者胰岛素抵抗重,患糖尿病概率高于普通人3.7倍,而苹果型肥胖者患糖尿病概率为普通人的10倍左右。

体脂率

体脂率是指人体内脂肪重量在人体总体重中所占的比例,又称为体脂百分数,它可反映人体内脂肪含量的多少。正常成年人的体脂率,男性为15%~18%,女性为25%~28%。

腰、臀围

正常情况下,人从30~60岁,不应该有太大的体形变化。大部分资料认为正常的腰、臀围比指数公式:指数=腰围(cm)/臀围身高(cm)。男性小于1、女性小于0.85为正常范围,男性大于1、女性大于0.85为肥胖值。

(二)心理健康

随着社会的发展和竞争,学习工作节奏的加快,人类进入了情绪负重时代。也有专家指出:抑郁将成为影响人类寿命的仅次于癌症的第二大杀手。心理疾病不仅在成年人中随处可见,在青少年中也普遍存在;相反,所有健康老人的长寿秘诀中大多数都有心胸坦荡、乐观开朗的心理特征。

1. 心理健康的基本内容

心理因素是人类区别于低级动物的特征之一。根据心理学理论研究,心理健康的基本特征可归纳为六个方面。

(1)健全的自我认知和客观认知。首先能正确认识自己,对自己的气质、性格、智能、兴趣爱好、在集体中的位置等有一个客观、全面的估价;还能正确认识他人,有良好的人际关系;有健全的认识过程,如记忆力良好、思维灵活、想象力丰富、语言表达流畅而富有逻辑等。

（2）富有饱满的情感。一个人有乐观向上、愉快欢畅的性格，感情丰富，热情饱满而反应适度，接受和被社会所接受。

（3）富有坚韧不拔的意志品质。在生活中能自觉确定自己的行动目标，有坚强和持之以恒的精神，既不轻信盲从，又善于听取别人建议和集体智慧；既能深思熟虑，又能灵活机动。对待具体问题，能灵活变通，不顽固、执拗，能控制约束自己的言行。

（4）富有阳光向上的个性和心态。对生活充满希望和信念，做人做事谦虚谨慎，热情诚恳，对工作富有责任感和创新精神，能很快适应环境的需要，善于调整、改变自己心态。

（5）能建立和谐的人际关系。善于与他人交往，与人交往中能理性理解和接受别人的思想感情，换位思考，悦纳他人，又能愉悦自己，并善于表达自己的思想感情。既遵守集体原则，又能保持自己的个性，有主见和判断是非的能力。

（6）情绪正常稳定。杜绝任何有超越社会规范的行为和常人难以接受的情绪，能控制自己的情绪。

2.心理健康的主要表现

根据古今中外心理学家所提出的心理健康标准，并结合我国的国情，笔者认为心理健康的主要表现应包括以下方面。

（1）智力正常。有敏锐的观察力、思维灵活、想象力丰富、注意力集中、记忆力强等都是心理健康的重要组成部分。

（2）有安全感。心理健康的人能够接纳自己的一切方面，很少受情绪的支配，能承受挫折、恐惧和不幸，不会惶惶不可终日。

（3）情绪稳定、心情愉快。心理健康的人总是快乐的，满意、宁静等积极情绪多于忧伤、痛苦等消极情绪，能够调节控制情绪的变化，不会狂喜狂怒，心情多数时间是乐观开朗的。

（4）意志健全。心理健康的人有决心、有信心、有恒心、有理想，不怕困难，不畏艰险，勇于克服人生征途上的种种困难。

（5）对自己有充分的了解，并能作出恰当的自我评价。也就是说，能够客观、正确、全面地认识自己,摆正自身的位置。

（6）具有较强的适应能力。心理健康的人,不怕到新的环境去学习、工作和生活,能够积极主动地适应变化的环境。

（7）能够面对现实,正视问题,乐于学习,勤于工作,适度社交,不逃避现实,正确客观地对待和处理所遇到的困难、麻烦等现实问题。

（8）人际关系和谐。乐于助人、关心他人,也能相应地得到别人的帮助和关心。具有良好的与人沟通能力,与身边的人相处融洽愉快。

（9）人格健全完整不偏执,少疑心,通情达理,友善亲切。

（10）睡眠正常,不被一些烦恼事情纠缠不休,入睡顺利,很少失眠。

（11）良好的生活习惯,饮食起居正常、规律,适度运动,不酗酒,不赌博。

（12）心理和行为与年龄相适宜,有比较年轻的心态。

3. 良好的社会适应能力

良好的社会适应能力是现代生活中很重要的部分,你能否适应周围环境？能否适应所从事的工作和身边的同事？能否适应每天不断发生的变化？如果做不到这几点,就无从去谈健康了。

（1）适应。地球上一切生命有机体都以适应自身生存环境作为基本任务。动物会通过改变自身去适应大自然而生存。人的适应与动物的适应有着本质的不同,人是有意识的自觉动物,是为了创造更有利于自己发展,而去适应新的社会和自然环境。人所处的客观环境是动态变化的而非静止不变的,总是处于不断的运动变化之中,而人本身也是处于运动变化之中的。适应是相对的、暂时的,因此,我们可以给"适应"下一个定义,即适应是人的身心对客观环境条件的顺应,是个人通过不断作出身心调整、在现实生活环境中维持一种良好、有效的生存状态的过程。当前社会通常面临以下几方面的适应。

第一,激烈竞争价值观的适应。随着现代社会市场经济下的激烈竞争,伴随科技的竞争、人才的竞争、职业选择的竞争、升学的竞争、考试的竞争日趋明显。"优胜劣汰"的法则,使得人们压力增大,竞争意识不断增强。面对竞争失败的挫折,并不是每个人都能承受住这样沉重的心理负荷。我们必须具备良好的抗压能力和适应这种激烈竞争下的价值观的转变过程。

第二,人际关系的适应。现代生活节奏的加快,竞争加剧,使得人际关系越来越复杂,传统的人际交往模式被打破,适应于现代经济生活下的新的人际交往模式正在形成,在这个过程中很多人在心理上产生交往困惑感。人际交往的本质是调整心理,沟通情感、信息和物资的过程。良好的人际关系,让人的心理产生支撑力、归属感和安全感。

第三,个人生活的适应。对家庭、婚姻、生老病死等各种困难的适应。

社会适应是人主动的适应过程,人活着必须追求独立精神,既不能脱离社会和他人独立存在,也不能像寄生物一样攀附于他物上生存,而是在适合自己生命的土壤上扎根。社会适应的能力主要有以下表现。

第一,能科学地分析现实、理解现实,并以积极的态度对待现实。

第二,有一定的自主性和适应性。

第三,能正确地对待艰难的处境和精神压力。

第四,关心他人,能与他人合作,在一个团队中充分发挥自己的积极作用,配合领导与同伴,并成为受欢迎的成员。

第五,心情愉快地学习和工作并卓有成效。

第六,感到生活充实、有情趣,心境平和;情绪波动时能较好、较快地度过,使情绪趋于稳定。

(2)发展。人的发展是一种在自我内在发展需要支配下的主动的变化。发展是一种具有高级本质的变化,是人的一种特殊的本质,即发展是指个体的成长和才能品质在时间上的变化过程。发展是人与环境相互改造的过程。适应是发展的前提和基础,发展是适应的必然结果。人的心理功能和个性品质,即人的情绪、情感、意志品质、思维能力等,是在不断地从不适应到适应,从适应到新的不适应,又达到新的适应……在这一过程中不断成熟发展起来的。人要发展自我,首先应当学会适应。

4. 道德健康

道德健康是高层次的健康。道德是社会大多数人的行为准则,是人们共同生活及其行为的准则、规律。世界卫生组织关于健康的概念有了新发展,即把道德修养纳入健康的范畴,将道德修养作为精神健康的内涵。

21世纪的人类健康概念是建立在民主、平等、进步和道德价值体系上的,是在拥有人道主义的高尚道德前提下,热爱生命、热爱人类、热爱和平、热爱环境,充分尊重可尊敬的对象,个人奉献精神、诚实劳动,建设更完善的社会人。从当前的高智商犯罪、高学历犯罪和高科技犯罪的现象来看,道德健康无疑是健康体系中居于统帅之首,也是社会文明之根的因素。道德健康标准主要有以下几点。

(1)不能以损害他人利益来满足自己的需要,有辨别真伪、善恶、荣辱、美丑、是非的能力,能按社会通行的准则约束、支配自己行为,能为其他人幸福作贡献。

(2)自重、自尊、自爱、自强,不放纵生活。

(3)做事踏实,守信用,效忠国家,孝敬父母。

(4)宽以待人,赞赏别人,风趣幽默,笑对生活,融入团队,关系和谐。

(5)不断提升自我,温故知新,内心充满阳光。

人的道德品质不是生来就有的,而是后天逐步培养起来的。道德品质的培养是一个系统、复杂的过程。

第二节 乒乓球运动对健康的影响

乒乓球运动在我国早已成为最受全民喜爱的项目之一。乒乓球运动是人们强身健体、延年益寿的有效锻炼途径之一。乒乓球运动具有简单易学、运动量可大可小、安全可靠、趣味性强等特点,是一项没有年龄要求,深受大众喜爱的体育运动。它对参与者的身心健康、社会适应能力、道德健康等方面能起到促进和提高的作用。

一、乒乓球运动的特点

(1)器材设备简单,对球、球拍、球台、场地的经济投入较少,乒乓球是室内运动,不受天气与季节变化的影响。运动量可大可小,不同年龄、性别和身体条件的人都能参加。由于运动时身体不产生触碰,因此对人没有直接的伤害,比较安全,很容易被大众所接受。

(2)乒乓球运动是一项全身心投入的运动,要求身体各部位积极参与,协调配合完成动作,因而对人体的锻炼比较全面。长期参加乒乓球运动,对于改善视力、增强脏腑器官功能、提高人体的免疫功能、预防心脑血管疾病、增强人体的各器官各系统的健康水平都有显著的作用。

(3)乒乓球速度快、变化多,要求练习者在短时间内对瞬息万变的击球有较强的反应能力和应变能力,它能提高人体神经系统的灵敏性、协调性。因此,经常打乒乓球,可以使人的思维能力、判断能力、观察能力、创新能力及意志品质和心理素质都得到锻炼和提高。

(4)乒乓球比赛项目包括单打、双打、团体项目,所以乒乓球项目既能培养人的独立思考、单独作战能力,又能培养人的集体主义精神。

(5)器材与规则的不断发展与改变,使乒乓球的节奏加快,击球回合数量和变化更多,乒乓球比赛变得更加激烈和精彩,具有很高的趣味性和观赏性。

二、乒乓球运动的锻炼价值

(一)乒乓球运动能提高人的身体素质水平

在乒乓球运动过程中,要求练习者不断移动与还原,涉及的各肌肉群要经历成千上万次的锻炼,肌肉的主动收缩与舒张会促进血管中的血液流动,输送更多的氧气和养料,久而久之,能提高肌肉的质量,提升肌肉收缩的速度和力量。由于乒乓球在运行中千变万化,要求对方对来球瞬间作出判断并迅速作出反应,久而久之会提高练习者的判断能力、肢体肌肉的爆发力和反应速度等,还能提高大脑快速支配肌肉完成一系列动作的能力,提升人体整体的协调性。长期打乒乓球,能增强神经反射弧中的感受器对物体的敏感性,使传入神经中枢的信号得到增强,特别有利于提高锻炼者的灵敏性。

(二)乒乓球运动能提高心理素质水平

乒乓球既是一项竞技运动,又是一项高尚的文化娱乐活动。经常参加乒乓球锻炼,可以增强中枢神经系统对其他系统与器官的调节能力,大大提高神经系统的反应速度,使大脑发达、思维敏捷;同时,能使人感到身心愉快、神清气爽,具有锻炼意志、陶冶情操的功效。

(三)乒乓球运动能促进心肺功能提高

乒乓球运动是一项同时具有有氧运动和无氧运动特点的运动,经常参加乒乓球运动,可以有效增强呼吸肌力量和肺通气量。打球是全身肌肉工作的过程,促使肌肉不断收缩与舒张,带动周围的血管进行反复地挤压,加速血液流动速度和肌体的新陈代谢,从而促进心腔从形态和功能上产生良好的适应性,增强心肺功能。

(四)乒乓球运动可以缓解眼部疲劳,预防近视和老花眼

打乒乓球时,每个球的长短、高低、旋转、速度各不相同,千变万化,双眼需要随时盯着看球并作出正确判断,使眼部睫状肌跟着球的移动,不断做远近、左右、上下等各个方向的移动,可以有效改善睫状肌的收缩与舒张能力,能缓解眼睛疲劳,能有效预防近视和老花眼。

(五)乒乓球运动可以促进交流,增进友谊

乒乓球运动必须由两人或更多人参与才能完成练习,无论是初学者,还是专业运动员,都需要双方或多方交流与沟通,在乒乓球练习的活动中,人们可以互通有无、交流经验、切磋技艺、相互学习、共同提高,非常有利于建立良好的人际关系。

思考题

1. 请问道德健康的标准有哪些?
2. 请叙述乒乓球运动的特点。
3. 请叙述乒乓球运动的锻炼价值。

第四章 乒乓球运动基本理论

任何体育项目的开展都离不开一定的场地和器材,乒乓球运动也有特定的场地、器材条件和规则要求,正是这些独特的要素,决定了乒乓球运动的独特魅力。

第一节 乒乓球器材与装备

一、乒乓球拍的种类和选择

(一)乒乓球拍的种类

随着乒乓球运动规则的不断改进,乒乓球拍的创新也层出不穷,运动和比赛所使用的球拍种类繁多,从普遍使用的角度来看,通常有以下几种球拍。

1. 底板的种类

目前流行的底板有以下几个类型:纯木底板(如 Victas 的 NIWA 木,代表人物韩莹)、外置碳板[以蝴蝶外置的蓝芳碳为代表,代表人物张继科(VIS)、樊振东(ALC)]、内置碳板[以红双喜内置的黄芳碳为代表,代表人物马龙(数字968)、孙颖莎(数字968)]。纯木底板主要是削球手使用,木质软,持球能力强;外置碳板省力,适合中近台打法;内置碳板吃发力,适合中远台的打法。除了碳板中的碳纤维有不同的材料外,底板的面材、力材以及芯材都可以用不同的木头来搭配(如鸡翅木、淋巴木、寇头木、黑檀木等),不同的木头有着不同的硬度。面材是底板最外层,硬度和厚度越高,击球感就越扎实,反之则手感清晰容易控制;力材是底板次外层,力材决定底板弹性。弹性越大,回球就越省力,但容错率就越低,弹性越小则容错率越高;力材越薄,就越容易产生形变,容易吃球,越厚则越不容易打透;芯材是底板最中间层。芯材决定了底板的底劲和力量,芯材越厚,乒乓球脱板越快，反之则越来越吃球，常见的芯材有桐木、桧木、阿尤斯木，硬度依次递增。一般来说，底板是5层（中间1层大芯）或者7层（中间3层大芯）。

2. 胶皮与海绵的种类

（1）正胶海绵拍。胶皮的表面呈规则而平整的颗粒状。正胶海绵拍击球时不仅具有较好的稳定性，而且反弹力也较大，容易发挥海绵及底板的作用，有利于提高击球的速度和力量，但因为胶体的含胶量不是很大，颗粒比较硬，缺乏黏性，所以不能造成很强烈的旋转。

（2）生胶海绵拍。胶皮的表面呈规则的颗粒状。生胶海绵拍的弹性较大，回球速度快，对球的摩擦力较小，与正胶海绵拍相比，球在拍上停留的时间短，击球快而旋转较弱，击出的球略有下沉，但本身制造旋转的能力较差，主要靠运动员自己发力。

（3）反胶海绵拍。胶皮的表面呈平整的胶面状，颗粒向里与海绵接触。又分为反胶海绵拍和防弧海绵拍两种。反胶海绵拍的胶体表面很柔软，黏性大，来球与胶面接触时不易滑动，对球的摩擦系数大。如果附在硬性海绵上能击出强烈的旋转球，但由于胶粒向内，同海绵之间留有一定的空隙，反弹力较差，回球速度较慢。防弧海绵拍的胶齿较短，胶皮厚，硬而有点发木，弹性差，如果同2mm左右厚的软海绵结合，有利于减弱弧圈球的强烈旋转，便于控制球，但同时也减弱了回球的旋转强度和速度。

（4）长胶海绵拍。胶皮表面呈规则而较细长柔软的颗粒状，长胶胶皮厚度超过1.6mm。用长胶打球产生的旋转变化比其他三种胶皮要大得多。长胶主要依靠借来球的强旋转造成的大冲力来增加回球的旋转度。如果来球旋转造成的冲力小则回球的旋转也弱。用削球回击对方拉过来的弧圈球或重板扣杀球时，回球则更加旋转，用长胶削回对方搓或轻拉过来的球其旋转也不是很强。长胶发过去的旋转球，球不很转。在近台挡过去的球，如果对方来球是下旋，则回球呈上旋；如果来球是上旋，则回球呈下旋；来球不转，回球也不转。

(二)乒乓球拍的选择

乒乓球拍的选择：由于球拍的种类、性能不同，其优缺点也不同，选择球拍除了选择与自己打法相适应的球拍外，一般还应考虑球拍三个方面的因素，即底板、胶皮和海绵。

1. 底板

底板最好应具备能控制球和不震手两个条件。一般情况下，打攻球的运动员多数喜欢选用木质稍硬、弹性较好的底板，而防守型（如削球运动员）则多喜欢选用木质稍软而弹力略小的底板。

2. 胶皮与海绵

目前市场上有许多不同品牌的海绵与胶皮（以反胶为例），通常日本产的反胶表面涩而不黏，出球速度较快，国产反胶表面比较黏，有利制造旋转。选择反胶时首先应看它是否经过国际乒联的批准，有无ITTF的标志；其次应观察胶面的胶皮厚度和是否有杂质。在选择海绵时，除了在厚度与硬度上予以考虑外（海绵越厚，弹性越好；海绵硬度越高，越需要发力才能打透），首先应观察其发泡是否均匀，厚度是否一致，表面是否平整。其次把海绵放在硬的平面上用手指按压，好的海绵应感觉压下去柔和并有顶手指的弹力；把海绵放在手上感觉它的重量和活性。最后把海绵攥成一团再突然放开，观察海绵展开的速度和展开后海绵表面的皱痕，弹性好的海绵应该比重较轻，展开速度较快，表面几乎看不到皱痕。目前大多数套胶的海绵和胶皮是一体的（如反胶的代表：国产的黏性套胶红双喜狂飙3、狂飙8，日本的蝴蝶粘性套胶D09C、涩性套胶T系列，德国的挺拔量子系列、多尼克F1等，其中挺拔量子和多尼克F1系列有彩色的套胶供大家选择）。

现在不但要求海绵和胶皮应符合ITTF的规定，黏合剂也要符合ITTF的规定，其参加重大比赛要选用国际乒联已批准使用的胶皮及粘贴胶皮用的胶水。从2008年9月1日起禁止使用有毒的可挥发性有机胶水，采用对人身体无害的无机胶水，但无机胶水无法让海绵膨胀，因此部分乒乓球运动员会将专用的膨胀油刷在海绵上，使其膨胀后，再用无机胶水黏合。根据ITTF器材装备委员会发出的公告,从2021下半年开始,有四种新的胶皮颜色被允许使用,同时公告中也强调,球拍必须有一面胶皮使用黑色。新增加的胶皮颜色为粉色、紫色、绿色和蓝色。加上现在使用的黑色和红色,将会有六种颜色出现在乒乓球胶皮产品中。目前,国内有多种颜色的品牌胶皮获得批准生产,其边缘均有清晰可见的商标型号及国际乒联ITTF的标记。通常推荐以双面反胶海绵为主,辅以正面正胶海绵。作为专业运动员及业余选手均能适用的反胶海绵,宜选用黏性强且弹力适中的类型。随着对乒乓球旋转认识的提高及控球能力的加强,为求更多的变化,当然还可以根据个人的打法特点将正反手两面配置不同性能的海绵胶皮。乒乓球是一项非常有"个性"的运动,在选择胶皮类型、型号、海绵的种类时,应理智地根据自身条件、技术特点等方面综合选择适合自己的品种。

二、乒乓球不同打法类型与球拍搭配

(一)近台快攻型

这种类型打法是我国乒乓球队在世界乒坛上几十年保持长盛不衰的传统打法,采用这种打法的运动员通常使用正胶海绵拍或反胶海绵拍,世界冠军刘国梁、邓亚萍就是这类打法中的佼佼者。近台快攻首先要求击球节奏速度快,力争在台面上抢攻来球的上升点和最高点。击球动作幅度较小,多采用爆发力,借力加力等用力方式。为了提高小动作击球的爆发力与突然性,运动员通常选择较重的球拍,单面覆盖海绵胶皮的直拍底板重量应该在95g左右,双面覆盖海绵胶皮的球拍底板重量应该轻一些,一般在90g以下。近台快攻运动员为了提高球速,要求击球弧线尽量低平,因此多采用摩擦较少、击打较多、使球脱拍较快的技术,如快点、快拉、快攻、弹击和扣杀等进攻技术。这就要求海绵较软、较薄,底板的击球感觉比较坚挺,因此运动员通常选择7层板或厚度在6.5mm以上的厚型底板。为了保证近台攻球的速度,近台快攻选手通常选择颗粒向外的正胶或表面的黏性中等、颗粒较短、速度较快的反胶。正胶是一种胶质较硬,颗粒向外且较大的胶皮,用它击球速度较快,也能制造一定的旋转,通常应搭配厚度为1.8~2.1mm,硬度在35度左右的海绵;反胶应搭配厚度为1.5~2.0mm,硬度在40度左右的海绵。由于现代产品的进步,反胶黏性大,更能制造出强烈的旋转,因此反胶海绵拍被普遍选择。

(二)弧圈结合快攻型

此种打法是综合了旋转与速度的弧圈球进攻型打法,是当前的主流打法。世界冠军孔令辉、王楠、李菊等都属于这种打法。运动员使用反胶海绵拍。弧圈快攻打法要求旋转与速度的统一,因此多采用摩擦与抽杀结合的"鞭抽式"进攻技术,如挑打、拉冲、反撕、反带、抹、撇等技术。为了保证击球时能得到充分的摩擦和弹击速度,选用的球拍不仅应该有足够的吃球深度,而且要有足够的底劲。因此运动员多选木质较软,弹性好的独木厚板或较薄(5.5~6.0mm)的5层底板。弧圈结合快攻技术在比赛中更多运用变化速度与节奏,时而近台,时而离台,时而击来球的上升期、高点期,时而击球的下降期,因此不仅移动范围大,而且击球动作幅度较大,自主发力更多,这就要求球拍的重量较轻,以保证在快速击球时挥摆自如,手感更好。所以选择直拍一般是85g左右,特别是双面覆盖海绵胶皮的直板应该更轻;横拍也应该在90g以下。为了保证弧圈进攻的旋转,应该选择表面黏性较好的反胶;为了保证抽杀进攻的速度,挑选较硬(45度以上)、较厚(2.1~2.2mm)的海绵比较好。

(三)快攻结合弧圈型

这种打法将快攻技术与弧圈技术结合在一起,具备两种打法的特点。通常使用反胶海绵拍或一面反胶、一面生胶海绵拍,如世界冠军王涛、王晨、阎森、马琳等国手均属于此种打法。快攻结合弧圈型打法要求选择既适合快攻又能拉弧圈球的球板,用于快攻与弧圈球结合。弧圈球运用较多的人应选择手感软一些且厚度较薄的5层底板;快攻技术运用较多的人需要选择偏硬的、较厚的7层底板。底板的总厚度一般在6.5mm左右。反胶海绵可选择厚度为2.1mm、硬度在39~42度,由于多数横板的反手进攻都在近台,所以用于反手击球的海绵应该比正手的薄一些,更利于快攻技术的运用。

还有一些人选择使用生胶海绵拍进攻,生胶是一种胶质软、弹性较大且颗粒较大的正胶,用它攻球速度快,但是旋转较差,因此攻球弧线较平(下沉),选择相应的海绵厚度为1.8~2.0mm,硬度在35度左右;也有人使用长胶进攻。长胶颗粒在击球瞬间会被来球压倒,并立即从不同的方向反弹,因此不容易摩擦来球制造自主旋转,所以击球多带有来球的反旋转;同时又由于倒向不同方向的颗粒不等,反弹力的方向也不尽相同,因此回球时球弧线飘忽不定。长胶进攻通常选择的海绵厚度为1.0~1.5mm,而且硬度较高,这样既能保持一定的击球速度,又能使回球弧线飘忽下沉。

(四)攻、削结合型打法

攻、削结合打法,并非攻、削各占50%,有的人将发球抢攻、削中反攻作为主要得分手段,削球变化只是为了扰乱对手,制造机会。如世界冠军丁松就是这种打法,最初许多人认为他是防守型运动员,如果按照守球打法特点应对他,结果就会上当;也有的人以削球变化作为主要得分手段,进攻只是一种扰乱对方的战术手段,如国手王辉等。这种打法的运动员,由于技术掌握须十分全面,为保证削球与弧圈进攻的旋转,通常选择表面的黏性较好、颗粒朝里的反胶;为了保证其削球、防守的良好控制,经常挑选厚度适中(1.5~2.0mm)并且软、硬适中(40度左右)的海绵。攻、削结合打法的核心是"变化"——旋转变化、攻削变化、落点变化和节奏变化等,因此选用的球拍也要充分体现和适应这种变化。许多人选用两面性能各异的胶皮,如一面反胶海绵拍用于主动变化旋转和进攻,另一面选用厚度在0.8mm以下的极薄的海绵配长胶或正胶、生胶;也有人使用防弧胶皮,这是一种胶皮较厚,弹性比较小、表面不黏的胶皮,配合厚度在1.5mm左右极软的低弹性海绵,用于削球控制与变化。

三、符合比赛规则使用标准乒乓球拍的要求

第一,球拍的大小、形状、重量不限,但底板要平整而坚硬。

第二,底板厚度至少85%是天然木料,用来加强底板的黏合层可以是纤维材

料,诸如碳纤维、玻璃纤维或压缩纸,但每层黏合层不得超过底板总厚度的7.5%或0.35mm。

第三,用来击球的拍面应该用一层颗粒胶覆盖,其颗粒向外,连同黏合剂总厚度不超过2mm或用颗粒向内或向外的海绵胶覆盖,连同黏合剂总厚度不超过4mm。

第四,所谓的"颗粒胶"是指一层无泡沫的天然橡胶或者合成橡胶,胶面上有均匀分布的颗粒,颗粒密度每平方厘米不少于10颗、不多于50颗。

第五,所谓的"海绵胶"是指在一层泡沫橡胶上面加盖一层颗粒胶,颗粒胶的厚度不超过2mm。

第六,除靠近拍柄部分和手指执握部分可不用任何材料覆盖外,覆盖物必须覆盖整个拍面,但不得超过其边缘。

第七,底板和覆盖物或黏合剂中的任何一层,均应是一个整体,厚度均匀。

第八,球拍两面无论是否有覆盖物,其表面应为颜色一致,无光泽,且一面为黑色。拍身边缘上的包边应为无光泽,并不得呈白色。

第九,由于意外的损坏、磨损或褪色,造成球拍表面的整体和颜色上的一致性有轻微差异时,只要未明显改变拍面的性能,可允许使用。

第十,比赛开始时及比赛过程中,运动员需要更换球拍时,必须向对方和裁判展示将要使用的球拍,并允许他们检查。

四、乒乓球尺寸、材料、选择方法以及球台、场地的规格

标准的乒乓球应为圆球体,直径为40+mm,质量为2.7~2.8g。球应该用赛璐珞或类似的塑料制成,呈白色,无光泽。乒乓球以前是使用赛璐珞材料,利用热的膨胀在模子里轧成两个半球体黏合起来的,对生产技术要求很高。目前,各国生产的乒乓球都已经达到很高标准。但是,高水平的运动员在比赛中都希望自己所使用的比赛用球达到百分之百的标准,这样才有利于自己水平的充分发挥。那么如何检验乒乓球的标准程度呢?有经验的运动员只要用眼一看,就能看出球体是否整圆,有无反光,用手掂一掂就基本能知道球的轻重和大小,再用两手

指捏一捏就知道球的两半质量是否相同。

乒乓球比赛台面由一个与端线平行的垂直球网划分为两个相等的台区,每一台区的整个面积是一个整体。在双打比赛中,每一台区应由一条与边线平行、宽3mm的白色中线划分为两个相等的"半区",中线应视为右半区的一部分。乒乓球台台面可由任何材料(国际规定应由坚实木料)制作,具有一致的弹性,上层表面叫比赛台面,长2.74m,宽1.525m,离地面0.76m。

乒乓球比赛场地的规格:乒乓球正式比赛场地不得小于14m长、7m宽、4m高。周围需用75cm的暗色挡板围住,以便同邻近的场地及观众隔开。挡板材料的选择和设计设置,应保证运动员冲撞挡板时不致受伤。台号应置于场地长边的栏板上,不得是白色。比赛场地其他部位的光照度不得低于200lx,光源离地面不得低于4m。场地四周应为均匀一致的暗色,不得有明亮的光源或透过未加遮盖的窗子的日光,场地的地面不得呈白色,不得明显反光。

第二节 乒乓球运动基本技术理论

一、击球的拍形和击球部位

(一)击球拍形

拍形包括拍形角度和拍面方向。前者指球拍触球时,拍面与台面及其延长线形成的角度;后者指击球者面向球网站立,拍面所朝的方向。拍形角度分前倾、稍前倾、垂直、稍后仰、后仰。球拍在接近"1点"的部位触球,角度在20°~40°,为拍形前倾;球拍在接近"2点"的部位触球,角度在50°~70°,为拍形稍前倾;球拍在接近"3点"的部位触球,角度为90°,为拍形垂直;球拍在接近"4点"的部位触球,角度在110°~130°,为拍形稍后仰;球拍在接近"5点"的部位触球,角度在140°~150°,为拍形后仰。

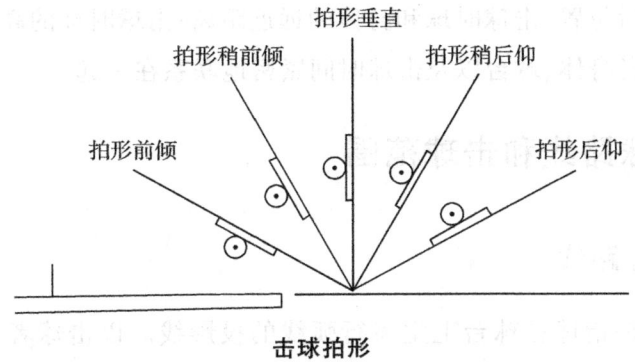

击球拍形

（二）击球部位

击球部位指球拍触及球的部位。可分为5个部位：上部，球拍触及球相当于钟表圆盘上"12点"至"1点"的部位；中上部，球拍触及球相当于钟表圆盘上"1点"至"2点"的部位；中部，球拍触及球相当于钟表圆盘上"3点"的部位；中下部，球拍触及球相当于钟表圆盘上"4点"至"5点"的部位；下部，球拍触及球大约相当于接近钟表圆盘上"6点"的部位。

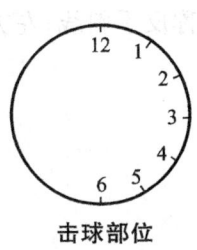

击球部位

二、击球的时间和击球点

（一）击球时间

击球时间是指球在本方台面弹起后，其运行轨迹从着台点上升再下落至触及台面以前的过程，大致可分为5个时期：上升前期，指球从台面反弹刚上升的阶段；上升后期，指球从上升前期到接近最高点的阶段；高点期，指球从上升后期到达最高点这一阶段；下降前期，指球从高点期开始下降的最初阶段；下降后期，指球下降到接近台面之前这一阶段。

（二）击球点

击球点是指球拍与球在空间的接触点所属空间的相对位置。包括击球时球处于身体的前后位置；击球时球和身体的远近距离；击球时球的高低位置。因此击球点和击球者身体、球台以及击球时间紧密地联系在一起。

三、击球路线和击球范围

（一）击球路线

击球路线是指球在球台上空飞行弧线的投影线。以击球者本身站位而言（以右手握拍者为例，在以下例子中均以右手为准），可以分为5条基本击球路线：右方斜线，又称正手斜线；右方直线，又称正手直线；中路直线；左方斜线，又称反手斜线；左方直线，又称反手直线。

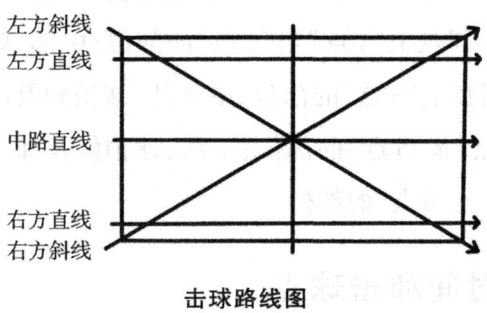

击球路线图

（二）击球范围

击球范围是指将球击在球台上的落点范围。可分为左右半台（又称1/2台）；2/3台（左侧为左2/3台，右侧为右2/3台）；全台（指击球时不限制任何落点，击球范围占整个球台）。以上左右范围以中线为界，其方向是对击球者而言。

四、击球弧线

乒乓球在球台上空基本上沿着一条弧线运行，击球弧线的好坏，不仅决定着击球命中率的高低，而且直接关系到击球技术质量的高低。击球时的各种弧度都有其妙用。比如，弧度较低的球，不好起板扣杀；弧圈形上旋球，还击较难控制；高球所形成的高弧度球，扣击也不容易等。那么各种弧度是如何形成的呢？

球在空中运行时与空气发生了各种关系并产生各种弧度。例如,用搓球技术或削球技术打出的旋转球,前进时除有空气阻力外,下旋球本身还可使球周围的空气旋转,于是球上沿的空气阻力小,下沿阻力大,结果使球能飘起来,下落较慢。而由于抽球、弧圈球或放高球所产生的上旋球本身也带动球周围的空气旋转,球下沿的空气阻力小,上沿阻力大。由于向上提拉时球骤然上升,上升力终了时,球上沿空气压力和球本身的重量都迫使球下降的坡度较大,于是加速向前下方坠落,这样就构成了较大的弧度。另外,影响乒乓球的弧线长度因素主要由弧线的曲度和球打出的距离来决定,而影响弧线曲度的因素主要由球离开球拍时的出手角度和出手速度决定。乒乓球的出手速度又取决于击球力量,出手角度又取决于击球时的拍面角度与击球部位、发力方向与发力大小,对方来球的旋转性质与旋转强度等。

五、乒乓球的旋转

(一)旋转产生的原因

乒乓球运动员在击球时,当击打乒乓球的力的作用线全部通过球心时,球只能获得向前的动力,而不产生任何旋转。击球时如果用力方向不通过球心,而是与球心有一定的垂直距离,球就会产生旋转,球心与力的作用线之间的距离叫力距。力矩越大,球的旋转速度越快,摩擦力也就越大,球就越转;相反,力矩越小,摩擦力和球的旋转也就越弱。

(二)旋转的基本轴

乒乓球在空中飞行时可以向任何方向旋转,它的旋转轴可以无限多。为了了解乒乓球旋转时的一般规律,我们按照三条最基本的旋转轴来加以分析和归类。

(1)左右轴。它是通过球心与乒乓球飞行方向相垂直的轴,绕此轴向前旋转为上旋球,向后旋转为下旋球。

通常在乒乓球技术中,正反手攻球、拉弧圈球等技术都能使球产生上旋,其中正反手攻球过程中产生的上旋相对比较微弱,而拉弧圈球时制造的上旋相对比较强烈,尤其是加转弧圈球制造的上旋最为强烈,而搓球、远削、发下旋球等技术都能使球产生下旋。

(2)上下轴。它是通过球心与台面相垂直的轴,球绕此轴旋转为侧旋球。根据击球者的方位,击球时以球拍触球的某一点为基准,球开始时向左旋转为左侧旋球,球开始时向右旋转为右侧旋球。比如运动员发的球明显向左侧拐弯就是左侧旋球,运动员所发的球明显向右侧拐弯就是右侧旋球。右侧旋往往使得对手难以发力回击或者找准击球点,侧旋球是中高级水平阶段经常使用的技术,现在世界优秀运动员流行的逆向旋转发球法正是具有右侧旋的特性。

(3)前后轴。它是通过球心与乒乓球飞行方向相平行的轴,绕此轴按顺时针旋转为顺旋球,绕此轴按逆时针旋转为逆旋球。在实践中,单纯绕基本轴旋转的球是很少的,大部分都已产生偏离。例如,侧上旋球、侧下旋球就是上述三个基本轴的偏斜轴。

其中,顺旋球落到台面之后会给球台一个向左的摩擦力。根据作用力与反作用力定律,此时球台也会给球体一个大小相等、方向相反的向右的反作用力,该力使顺旋球落台后右拐弯明显。

(三)提高击球旋转的方法

(1)发球时加强手腕的发力动作,手腕用力越大发出的球越转,在球拍接触球的一瞬间用手腕的力量增加旋转。

(2)尽量使力的作用线远离球心,加长力距,增大球拍对球的摩擦力。

(3)增大击球的力量,也可以增大摩擦力。

(4)尽量用球拍的远端击球,加强旋转。

(5)选用黏性较好的胶皮球拍,增大与球之间的摩擦力。

(6)击球瞬间向斜上或斜下发力就可使球产生上旋或下旋。

(7)借用对方来球的旋转,给对方回转,加快击球瞬间的挥拍速度,使球拍的击球瞬间速度超过球本身旋转的线速度,可增强回球的旋转强度。

(四)如何回接旋转球

(1)接上旋球。用反手推挡(拨)向前或正手冲扣接发球时,拍形要前倾,多向前下方用力并根据旋转的强弱来加大或减小拍形前倾和向前用力的程度,用搓球、削球接发球时,拍面角度多竖起向下用力削。加转削球时,可离台远一些再接触球,增加向前的用力度。接上旋球特别要注意控制来球的前冲力,以免出界。

(2)接下旋球。用搓球、削球接发球时,尽量使拍的角度多后仰,多一些向前的用力,根据来球旋转的强弱调整拍型角度的大小。用冲或拉接发球时,要加力向上挥拍摩擦球等。用扣杀接发球时,要用拉扣结合(先拉后扣)的手法。接下旋球时特别要注意用向上的力量抵消来球下旋坠力,避免下网。

(3)接左侧旋球。要控制来球不向球台的右边(接发球一方)飞出,如接对方发来的直线球,则接发球要使拍接触球的中后部;接对方发来的斜线球时,要使拍接触球的中部偏右,对方发球的左侧旋越强,拍触球的部位越偏向右边。

(4)接右侧旋球。同接左侧旋球的方向正相反。

(5)接左侧上旋球和左侧下旋球。接左侧上旋球时,使拍型角度多一些下压,避免因球的前冲力过大而出界;接左侧下旋球,要使拍型角度少一些下压,避免来球的过度下沉而下网。

(6)接右侧上旋球或右侧下旋球。拍面角度和回击方向跟左侧上(下)旋球相反。

六、乒乓球击球的力量

力量是加大乒乓球的速度和旋转的基础,要想提高击球的力量,必须做到以下六点。

(1)击球前积极进行步伐移动,使身体与击球点保持一定的加速距离,以利于加快挥拍速度。同时应注意使击球点离身体适当远些,加大动作半径,以利于发挥整个手臂以及腰、腿等肌肉力量的作用。

(2)击球前,球拍必须后引,使手臂和腰的部分肌肉得到拉长,以利于击球时肌肉快速收缩。

(3)击球时,选择正确的击球点,为手臂的充分发力作好准备,以利于加快挥拍速度。

(4)球拍击球时,要掌握好发力时机,要在球拍与球接触的瞬间达到挥拍的最大速度。按照以躯干带动手臂、上臂带动前臂、前臂带动手腕的发力顺序进行加速,以充分发挥各支点的加速度,把各关节的合速度集中在球拍击球的一瞬间。

(5)击球后迅速放松各部分的肌肉,使身体迅速还原,以免减弱或影响下一次击球的速度或力量。

(6)要加强力量和身体素质的训练。

七、乒乓球击球的速度

速度在乒乓球的击球技术质量中占有十分重要的地位。乒乓球运动技术发展的历史,从某种意义上讲,可以说是速度和旋转相互斗争、相互促进的历史。乒乓球技术发展到今天,速度和旋转的斗争依然是最突出的。在技术上要想提高击球的速度就必须做到以下几点。

(1)击球前,站位要靠近球台,击球的上升期,以"借力"来加快击球的速度,可缩短击球距离,有利于争取时间。

(2)击球时要加快挥拍速度,增大击球的爆发力,充分发挥前臂和手腕的作用,缩短动作半径,有利于加快击球速度。

(3)击球时尽量向前发力,压低弧线,这样有利于球获得较大的前进速度。

(4)提高反应速度和步伐移动速度,为加快击球速度做好充分准备。

(5)加强基本功训练,能熟练掌握和运用各种击球技术,全面提高击球质量,以削弱对方来球的难度,有利于缩短自己的击球时间,充分发挥速度优势。

八、乒乓球击球落点

乒乓球的落点是指球的着台点,即击出的球到对方台面弹起的那一点。乒乓球的落点和击球路线对于提高击球质量和增强战术效果十分重要。

（1）在基本技术练习时，给运动员设一些目标或者规定好范围，要求运动员将球回击到这些目标或所设范围中去。

（2）按规定的线路进行练习。如进行一点打两点、多点打一点、逢斜变直、逢直变斜等练习。

（3）为了提高手指和腕关节的灵活性，可经常进行变化拍形和变换拍面方向的练习。

（4）可利用多球进行练习，该练习要求运动员将不同性质的各种来球回击到某一目标。

乒乓球的弧线、速度、力量、旋转和落点是乒乓球击球技术质量的五项指标。虽然其性质和特点各不相同，但彼此是互相联系的，对提高击球质量起着相互补充的作用。

九、乒乓球技术的多种打法类型

我们通过视频或电视欣赏国际乒乓球比赛时，经常听到解说员讲解某某选手是两面攻打法，而另一位选手则是削球打法，还有的选手是弧圈球打法等。那么，到底乒乓球技术中有多少种打法和类型呢？目前，世界乒坛共有5大类型12种基本的打法，以后还会随着技术的发展不断被运动员创造出更多打法类型。我国运动员拥有其中的10种以上打法，是世界上打法最多的国家。5大类型12种打法分述如下。

（一）快攻类

（1）左推右攻。以我国运动员为代表，韩国运动员也常采用这一打法。

（2）两面攻。亚洲选手如中国、日本、朝鲜、韩国等国家的选手多采用此打法。

（3）两面攻结合左推右攻。韩国运动员多采用此打法。

（4）单面攻。这是日本选手的独特打法。

(二)削球类

(1)以削为主的打法。中国、日本运动员常采用此打法。

(2)逼角反攻打法。中国、匈牙利、英国运动员常采用此打法。

(3)转与不转反攻打法。乒乓球强国的削球选手多采用此打法。

(三)快弧

快攻结合弧圈球打法。欧洲运动员普遍采用此种打法。

(四)弧圈类

(1)单面拉弧圈型。亚洲直拍选手多采用此种打法。

(2)两面拉弧圈型。欧洲横拍选手多采用此种打法。

(五)削攻结合

(1)削攻结合打法。这是我国传统打法之一。

(2)削攻结合倒板打法。是我国早期打法之一。

十、乒乓球击球的五个技术环节

乒乓球运动中大多数技术动作包括准备、判断、移动、击球及还原五个环节,只有把这五个环节有机而协调地整体完成,才能高质量地完成击球动作。

(一)准备

准备是指乒乓球运动员每次击球之前充分做好身体和心理上的准备状态,包括做好准备姿势、思想集中、全神贯注等。

(二)判断

判断是根据对方击球动作的一瞬间,对来球的线路、旋转、速度、力量、落点等基本要素做出清晰的预判,并迅速做出移动及合理的还击动作。因此,养成善于分析与判断各种来球的良好习惯是提升回击命中率和击球质量的有效方法。

通常情况下判断来球主要从对方击球的动作分析预判，根据对方击球时球拍触球的角度判断旋转，挥拍方向判断线路，击球动作的大小、快慢判断力量的大小、落点以及旋转的强弱等，也可以从不断积累的经验中判断。

(三)移动

移动是指根据来球的飞行方向、速度、力量、旋转、落点等要素迅速作出判断，迅速移动并做出一系列合理的回击动作。准确灵活的步法移动是一次合理的高质量的击球前提。

(四)击球

乒乓球运动的技术动作的击球环节是指根据来球的性质，在击球的瞬间从拍形、手腕的用力方向，击球的力量等方面做出正确的击球动作。它是决定回球质量的关键因素之一。

(五)还原

还原是指每一次击球后，整个身体迅速还原到准备姿势，以尽快还原到下一次击球的准备阶段。还原的目的就是为了更有效地完成连续击球。在乒乓球连续击球的过程中，面对不同性质的来球做出不同的回击动作时，每一次回击动作都是由上一次动作结束后的还原开始的，再完成下一个动作，由此循环直至一个球脱离台面。

十一、乒乓球击球的动作结构

(一)选位

选位是根据对方来球的击球方向、旋转性质、力量大小、弧线高低、落点等因素作出正确的判断，并快速选择和移动到最佳的回击球的位置。

(二)引拍

运动员在选好回击球的位置后，击球手臂迅速做出合理的引拍动作，为挥拍击球做好准备。及时、准确、合理、放松的引拍动作是完成高质量击球技术的保障。

（三）迎球挥拍

迎球挥拍是指球拍从引拍后的位置挥动到击中来球（刚触球时）的这段动作过程。在迎球挥拍的时候，挥拍方向决定着回球的旋转性质和回球的路线，挥拍幅度大小和加速度的快慢，还决定着球的飞行速度、旋转强度及力量大小。

（四）拍触球

拍触球是整个击球动作结构中最重要的一个技术环节，是指球拍触球的一瞬间，它包括肌肉的协调用力、拍形角度、击球点、击球时间、拍触球的部位、球触拍的部位等内容，不同的技术动作对应不同的拍型、击球点、击球时间、击球部位等。这是一个比较精细复杂的动作过程。

（五）击球后

击球后应顺势挥拍与还原，顺势挥拍是指击球后由于惯性而顺势向前挥拍的动作。能够保持击球动作的完整性和协调性，有利于提升击球质量和有效性。顺势挥拍后迅速还原至下一拍的准备姿势，使上一个动作的结束与下一个动作的开始有机地联系起来。

思考题

1. 什么是乒乓球技术的击球时间？
2. 什么是乒乓球技术的击球点？
3. 乒乓球技术有多少种打法类型？
4. 请介绍乒乓球技术的三个旋转轴及对应的旋转性质。
5. 乒乓球技术动作结构的五要素是什么？

第五章 乒乓球运动的技术及运用

乒乓球运动是一项个性化很强的运动,技术种类繁多,每个人都有自己的技术风格,但都离不开扎实的基本功。本章中,大家能学习乒乓球的握拍方法、打球的基本姿势、基本步法、发球技术、接发球技术、推挡球技术、攻球技术、搓球技术、削球技术等多种基本技术。掌握好这些基本技术,是灵活运用各种战术、击败对手的前提条件。

第一节 入门技术

一、乒乓球的基本站位方法

正确站位的基本姿势是两脚平行开立略比肩宽、含胸、收腹;以脚掌内侧用力着地,脚跟微提;两膝微屈,上身稍前倾,重心在两脚之间;下颌微收;持拍手臂自然弯曲置于腹部右侧前方,手腕自然放松;非执拍手臂自然弯曲置于身体左侧,两眼注视来球,集中精力做好击球前的准备姿势。

乒乓球的站位是指在开始击球前的基本站立位置。根据离台距离远近的不同一般有近台、中近台、中远台和远台四种。

近台是指站位离球台端线 30~50cm 的范围。

中近台是指站位离球台端线 ≥50~70cm 的范围。

中远台是指站位离球台端线 ≥70~100cm 的范围。

远台站位是指站位离球台端线 1m 以外的范围。

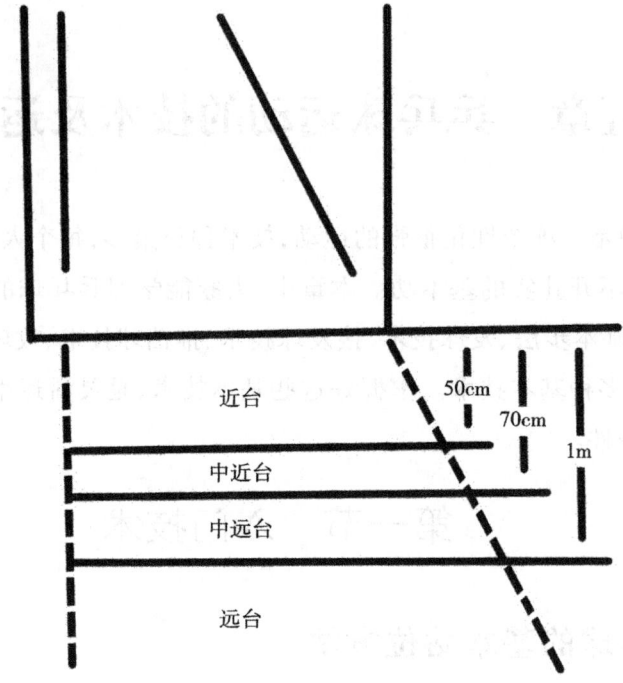

乒乓球基本站位

  根据不同打法类型和个人技术特点的不同，其站位也不同。一般情况下，左推右攻打法者，站于近台中间偏左位置；近台两面攻打法者一般站于近台中间位置，左脚略前，右脚略后；弧圈球为主打法者站于偏左的位置；横拍攻削结合打法者基本站于中近台附近位置；以削球为主打法者基本站于中远台附近的位置。

  在实际比赛中，运动员在基本站位的基础上还要根据各种不同的来球，不断地改变和调整自己的站位，以适应实战的目的。

近台快攻型站位

二、乒乓球的直拍握拍方法

直握拍的基本方法是用拇指第1指节与食指第1、第3指节扣住拍柄,用虎口贴于拍柄的后面;其余的3指并拢并自然弯曲。以中指第1指节的侧面顶在球拍后面中线的上1/3处;用拇指、食指、中指和虎口的共同作用将球拍握住,从外形上看像握钢笔的动作,从前面看像用钳子夹住球拍柄的形状。

它的优点是:手腕灵活,正反手互换时不换拍面,左右摆速较快。缺点是:板形不易固定,不利于反手发力,左右照顾面相对横拍较小。

根据打法类型的不同,握拍法略有不同,大致可将其划分成3种类型。

(1)快攻型直拍握法。其握拍方法同直拍的握法基本相同。

快攻型直拍握法

(2)弧圈型直拍握法。在基本握法的基础上强调了拇指要更贴近拍柄左侧,并与食指相接成环形,而其他3指在拍背面自然微伸并相叠。

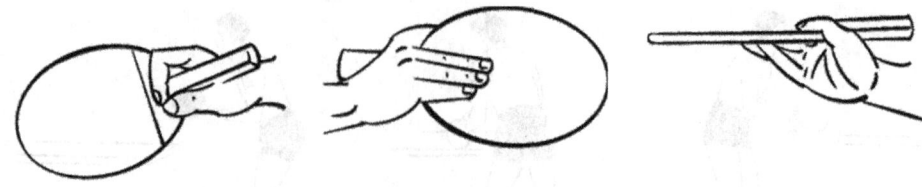

弧圈型直拍握法

(3)削球型直拍握法。拇指自然弯曲紧贴拍柄左侧,稍用力下压,其余4指自然伸直并分开托住球拍的背面。

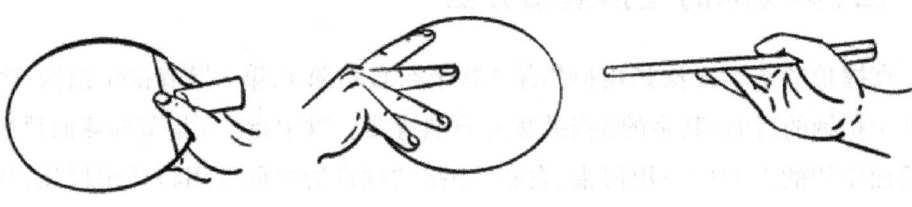

削球型直拍握法

三、乒乓球的横拍握拍方法

横握球拍的方法是拇指在前,食指在后,一前一后贴于拍面;其余3指自然握住拍柄。正手攻球时,食指稍向上移动;反手攻球时,拇指稍向上移动。利用小臂和手腕的内旋和外旋来调节拍形。

它的优点是:左右可使用两面击球,照顾面较大,反手有利于发力,板形容易固定。缺点是:手腕不太灵活,由于正反手击球时要换拍面,因此左右结合的灵活性较差,影响动作的摆速。

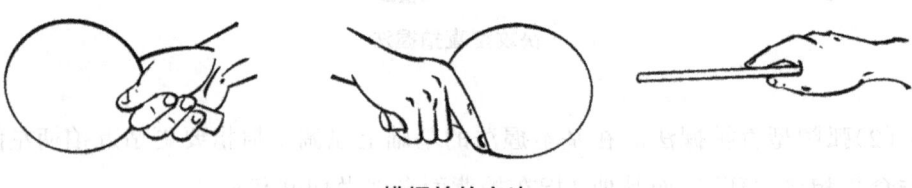

横握拍的方法

四、乒乓球运动的基本步法

任何一项球类运动都离不开步法移动,步法移动是否及时、准确,将直接影响到手法技术的发挥,以至影响到整个技术的发挥。乒乓球运动中常用的基本步法有单步、并步、跨步、跳步、交叉步及侧身步等。

(1)单步。适用于来球角度不大,不需要有较大移动范围时使用。其要领是以一脚的前脚掌为轴,另一脚向着来球的方向直接移动一步即可。

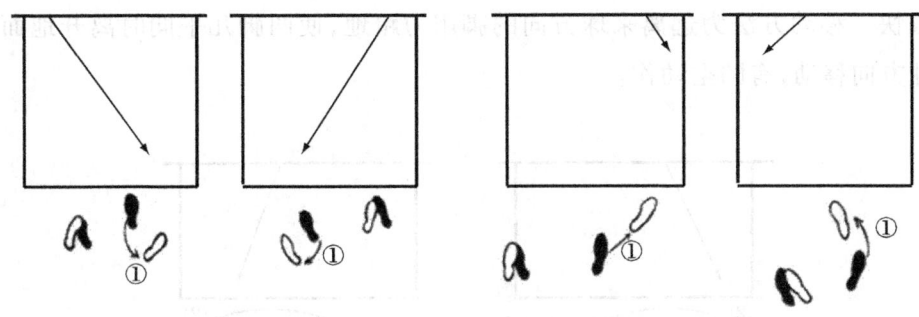

单步步法

(2)并步。适用于削球打法和快攻及弧圈打法,在攻击削球做小范围移动时使用。它比单步的移动幅度大,又比跳步的移动幅度小,移动时双脚无同时腾空的动作。其要领是远离来球方向的脚先向靠近来球方向的脚迈一步,然后靠近来球方向的脚再向来球方向迈一步。两脚动作依次完成,不能同时腾空。

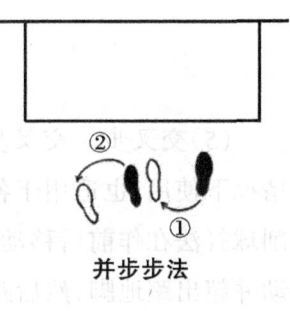

并步步法

(3)跨步。适用于在来球角度大、速度快的情况下使用。移动方法为一脚蹬地,靠近来球方向的脚向来球方向横跨一大步,蹬地脚迅速跟上一步,身体重心移至跨步脚上。

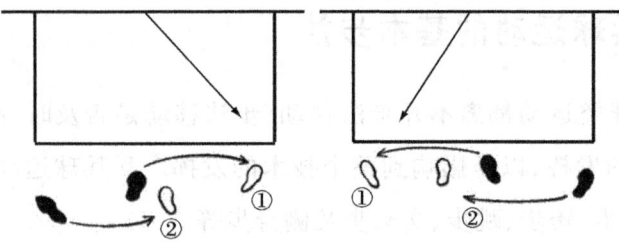

跨步步法

(4)跳步。在来球速度快,角度大的情况下使用。它在移动时,身体重心变换很快。移动方法为远离来球方向的脚用力蹬地,使两脚几乎同时离开地面向来球方向移动,有腾空动作。

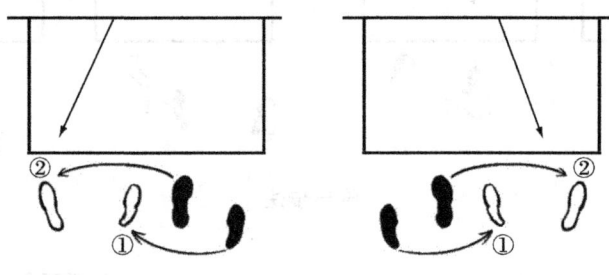

跳步步法

(5)交叉步。交叉步是移动范围最大的一种步法。适用于来球离身体远的情况下使用,也适用于各种打法在侧身攻后扑正手空当时或走动中拉削球,以及削球打法在作前后移动时使用。移动方法为远离来球方向的脚先向来球方向移动并超出蹬地脚,然后蹬地脚随即向来球方向移动一步。

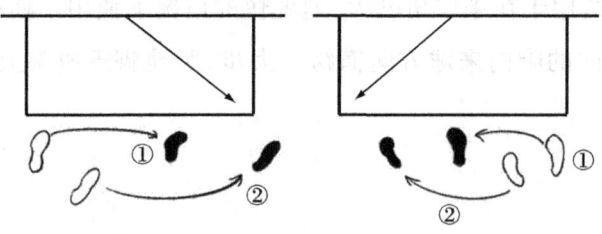

交叉步法

(6)侧身步。当来球逼近身体,又想用正手回击来球时,一般采用侧身步。移动方法为左脚先向左前方跨一步,右脚随即向左后方移动一步。在移动步法的同时身体要及时让位,以利于击球。

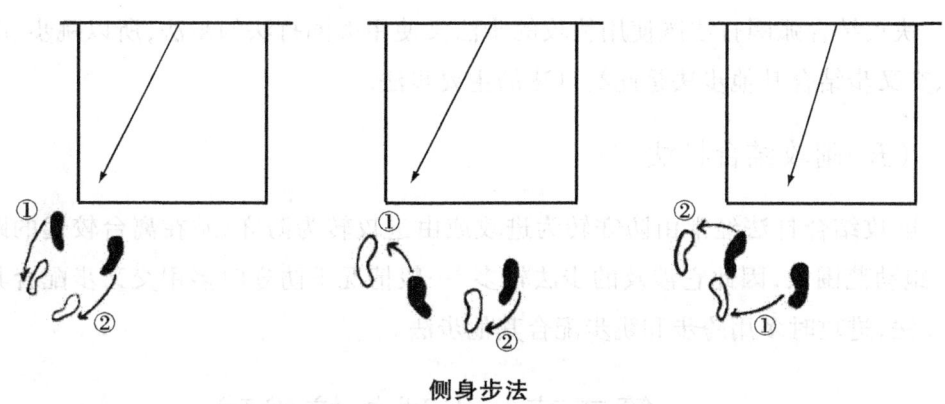

侧身步法

五、乒乓球运动中不同打法类型其步法的不同点

(一)直拍左推右攻打法

直拍左推右攻打法的特点在于以发挥其正手攻球和侧身攻球的特长为主,一般情况下站位在近台偏左,左脚略前。这样不仅有利于应对小范围的快速移动,而且也可以配合较大范围的各方向的移动。因此它主要运用跳步、跨步、单步结合并步、侧身步和交叉步。

(二)两面攻打法

两面攻打法一般情况下站于近台偏左,两脚平行或前后站立。单步是其最常用的步法,它可以直接迅速地为其拉开左右开弓的形式。跳步和跨步用得也较多。

(三)两面拉弧圈打法

两面拉弧圈打法的击球动作幅度较大,无论进攻还是防守的照顾面均较大。

它一般站于稍离台的位置，所以它的主要步法有交叉步、跳步、跨步等，并配合其他步法。

（四）快攻结合弧圈打法

快攻结合弧圈打法既使用快攻的步法又使用弧圈打法的步法，所以跳步、跨步、交叉步结合其他步法是此类打法的主要步法。

（五）削攻结合打法

削攻结合打法经常由防守转为进攻或由进攻转为防守，站在离台较远的距离，跑动范围大，因此它涉及的步法较多，一般情况下防守时多用交叉步配合其他步法，进攻时多用跨步和跳步配合其他步法。

第二节 发球与接发球

一、乒乓球运动的发球种类

当看到乒乓球运动员在比赛中花样繁多地发球时，也许有人会问"乒乓球的发球到底有多少种？"但实际上很难准确地回答这个问题。因为乒乓球的发球是论套计算的。所谓"套"是指采用一种动作或者几种类似的动作发出的多种不同性质的球。随着乒乓球技术的飞速发展，新的发球技术正不断被创造出来。

发球的"名字"也是多种多样，有的是以旋转方向命名的，如左侧下旋发球、左侧上旋发球；有的是以抛球的方式来命名的，如低抛发球、高抛发球；有的是以落点命名的，如近网短球、底线长球、追身球等。

发球的种类虽然多种多样，但也可划分为以下几类：一是按旋转划分，有正手发的上旋、下旋、左侧旋、右侧旋、左侧下旋、右侧下旋、左侧上旋、右侧上旋等。二是按落点来划分，有长球、短球、左方长球、右方长球、左方短球、右方短球、追身球、近网球等。三是按速度旋转和方向来划分，有反手急球、反手发右方急上旋球、反手发左方急下旋球等。其目的都是不让对方站得稳稳地接发球。

由此看来，速度、旋转、落点是发球技术的三要素，围绕这三要素可以发出多种球,组成多套发球技术。而优秀运动员往往把旋转、落点和速度等结合起来,精练一两套与自己打法相适应的发球技术,并与抢攻结合起来形成个人的特长,以利于在比赛中争得主动。

二、乒乓球发平击球的方法和特点

(1)发球方法。运动员站于离台40cm偏左或偏右(本书的"左""右"是指发球者自身为准,也指用反手和正手发一种相同性质的球时的不同方向)的位置。两脚开立略比肩宽,左脚稍前,发球时,上体稍右(左)转向右(左)后方引拍至拍面稍前倾,同时左手将球轻轻向上抛起。当球下降时,右臂向左(右)前方挥动。在球下降至约与网同高时击球的中上部,并向左(右)前方发力,使球的第一落点在本方球台的中段。球击出后右臂顺势前送,并立即还原。

(2)技术特点。速度一般,力量较轻,不带旋转或略带上旋,较容易掌握,是入门技术和发球技术的基础。

三、乒乓球发奔球的方法和特点

(1)发球方法。发球时,站于反(正)手位,离球台30~50cm处,右(左)脚略前、身体略向左(右)转,左手在拍前轻轻将球抛起,不要太高,同时右手向左(右)后稍引球拍。在球下落时,以小臂为主,向前挥拍。在球下降至略低于球网时,拍形稍前倾,用小臂和手腕发力,向前击球的中上部,并向右(左)上方摩擦球。同时腰部配合向右(左)转动,动作要有突然性,第一落点应尽量接近本台的端线。击球后前臂和手腕应顺势前送,然后迅速还原。正手发奔球的方法与反手基本相同,方向相反。

(2)技术特点。球速快、弧线低、角度大、落点远、前冲力较大,易于发挥速度上的优势,迫使对方接出便于抢攻的球。

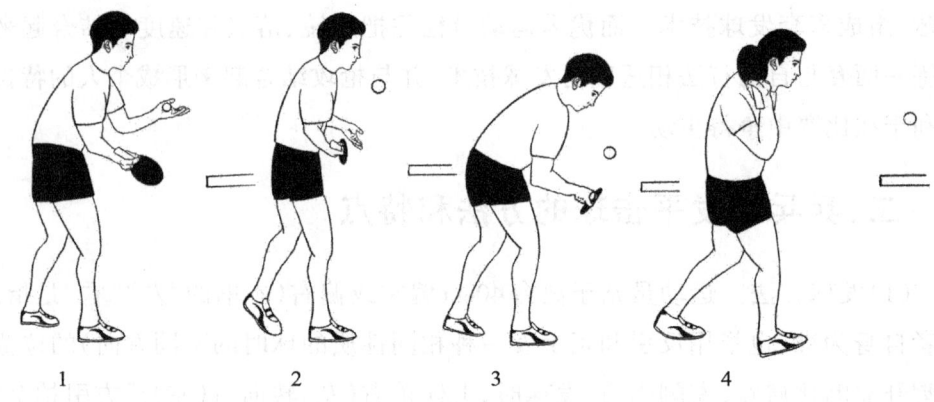

直拍反手发奔球

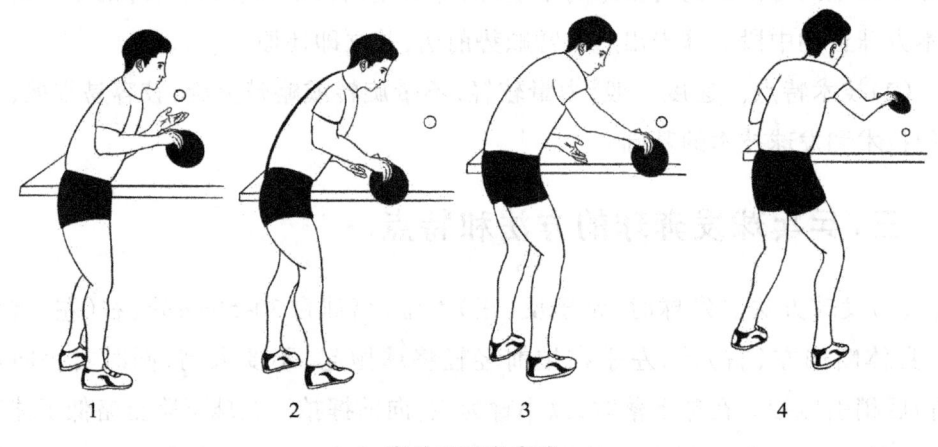

直拍正手发奔球

四、乒乓球发反手急下旋球的方法和特点

（1）发球方法。站于反手位离球台30~50cm处，右脚略前，身体微向左转，左手在拍前上方轻轻将球抛起，同时右手向左后上方引球拍。在球下降时，前臂和手腕向前下方用力挥动，并使拍形后仰。击球的中下部并向前下方摩擦球。第一落点应尽量靠近本方球台的端线，击球后顺势还原。

（2）技术特点。球速快、弧线低、落点远，带有较强的下旋，对方回球时容易形成被动，从而有利于给本方创造抢攻的机会。

五、乒乓球发反手轻短球的方法和特点

（1）发球方法。站位与发反手急球的站法相同，发球前的准备姿势也基本相同，引拍时拍形稍后仰，用前臂和手腕向前挥拍轻击球的中下部，击球点大约与网同高，第一落点最好在本方球台靠近球网处。

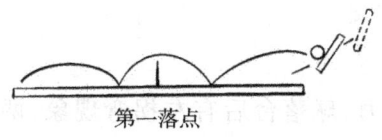
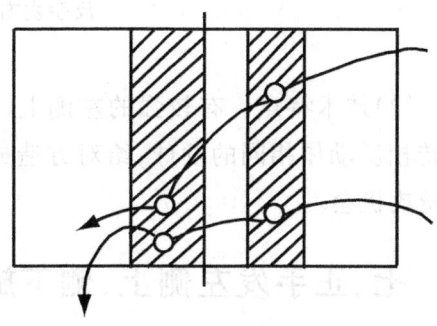

（2）技术特点。力量轻、球速慢、落点靠近球网，球基本不转。一般与发急球配套使用，使对方在前后奔走中出现被动，从而为本方创造抢攻的机会。

六、反手发右侧上、侧下旋球的方法和特点

（1）发球方法。站位在球台的左侧，身体离台40~50cm，右脚稍前。上体左转并收腹，在左手抛球的同时，右手向左上方引拍，左肩稍高，拍形稍后仰。当球下降时，前臂和手腕向右前下方挥拍，如果要发侧下旋，在球落至大约与网同高时，以小臂为主、手腕为辅向右下方发力，摩擦击球的中下部。接着转动手腕，前臂内旋向右前上方挥拍。如果要发侧上旋，球拍触球的瞬间，手腕向右上方转动，使球拍向右上方摩擦击球的中部。击球后顺势向右上方挥拍。可以看出侧上（下）旋的用力方向完全相反，但外形看大致相同。

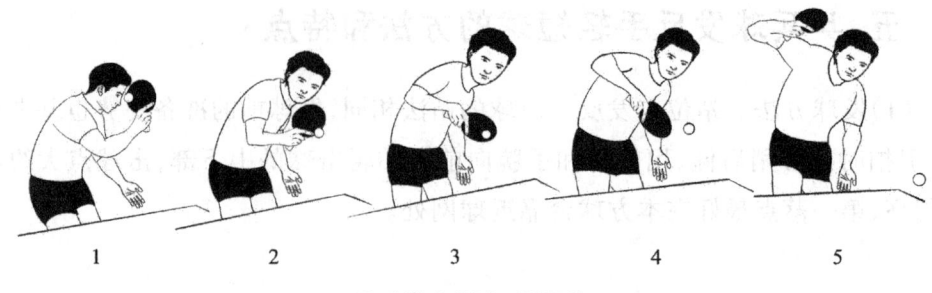

反手发右侧上、侧下旋

(2)技术特点。有较强的左侧上(下)旋转力,球落台后有左拐弯现象,两种旋转相反动作相同的发球,给对方造成回击困难,迫使对方出现被动,为本方创造抢攻机会。

七、正手发左侧上、侧下旋球的方法和特点

(1)发球方法。站位在球台的左方或右方,身体离台40~50cm,左脚稍前。抛球的同时上体向右转并收腹,右臂向右上方引拍,手腕略外旋,拍形稍后仰。当球下降时,手臂迅速向左下方挥拍,当球下降至大约与网同高时击球。这时如果发左侧下旋,在触球瞬间手腕快速向左下方转动,击球的中下部并摩擦球。如果发左侧上旋,在球拍触球的瞬间,手腕快速向左上方转动,击球的中部并向左上方摩擦球。在完成击球后两种旋转的球都有顺势向左上方挥拍动作,并迅速还原。

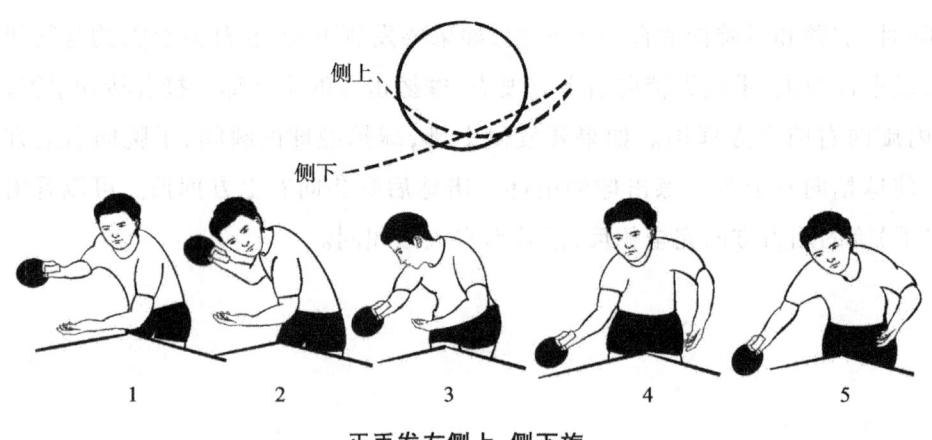

正手发左侧上、侧下旋

(2)技术特点。有较强的左上(下)旋,球落台后有向右拐弯现象,从外部动作看没有什么不同,实际上有旋转方向的不同,因此给对方造成判断旋转的困难。

八、正手发下旋"转与不转"球的方法和特点

(1)发球方法。站位于球台的中间或偏左位置,身体离台大约40cm处,左脚稍向前。在抛球的同时身体稍向右转,右手前臂向后上方引拍与肩同高的位置,拍柄朝下,手腕外旋,拍面略向后仰。当球下落至与网同高时,前臂迅速向前下方挥拍击球。如果要发下旋加转球,在拍触球时,前臂外旋,带动手腕向下用力摩擦球的中下部,击球后,前臂顺势向前下方送出去。如果发不转球,在拍触球时,手腕只是轻轻撞击球的中部,而不是用力摩擦,使球不能产生旋转,触球后前臂迅速外旋并使手腕有转动动作。顺势向前下送前臂,从而有意使两种发球具有看似相同的动作。

下旋

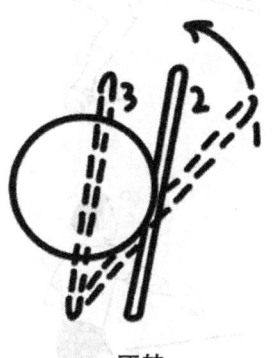

不转

(2)技术特点。球速较慢,前冲力小,主要用相似的动作发出不同旋转的球去迷惑对方,造成对方接发球失误或为本方创造机会。

九、正手发高抛球的方法和特点

(1)发球方法。一般站位在球台的左角,左脚稍前,上体向右转90°左右,球置于掌心,稍收腹,两膝微屈。左手托球于掌心上并高出台面。抛球时,手腕固定,前臂平稳向上直抛,使球高达2~3m或更高,腰和膝同时向上挺伸,这时右臂向右后上方引拍,手腕外旋。当球下落至与网同高时,前臂带动手腕向左前下方迅速挥拍击球,腕关节内收发力,腰向左转配合用力。拍触球时摩擦用力的方向基本与发正手左侧上(下)旋球的方向相同,击球后迅速还原。

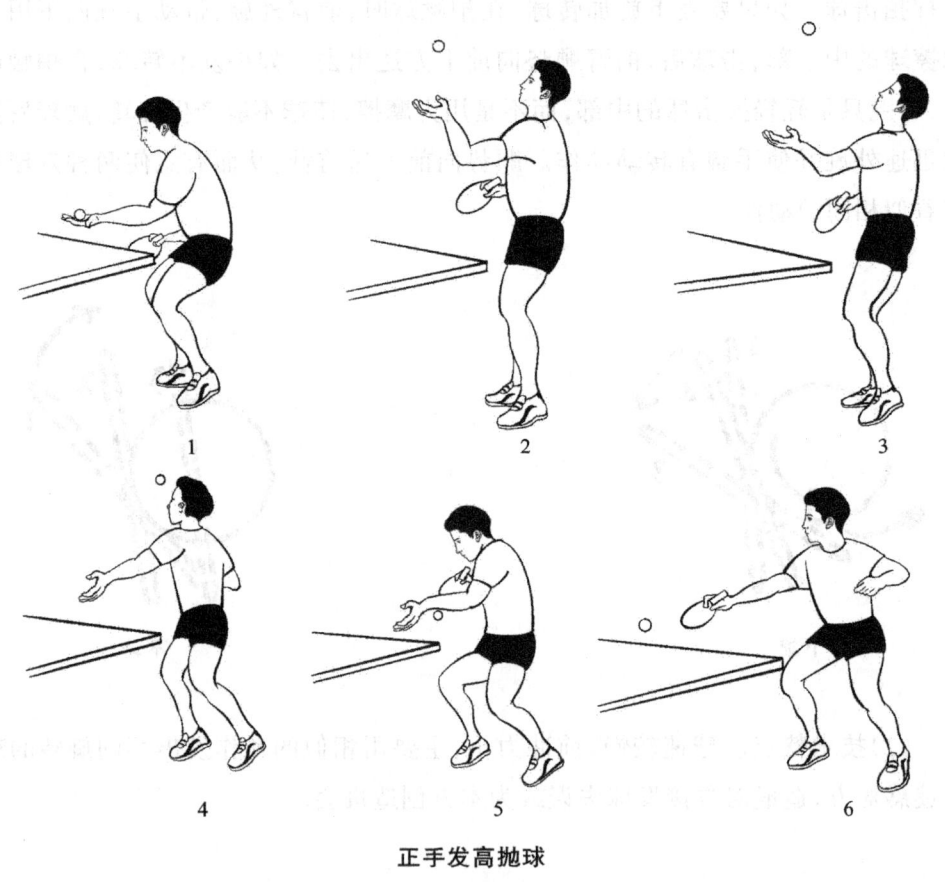

正手发高抛球

(2)技术特点。抛球高,增大了球下降时对拍的作用力,故发出的球速度快、冲力大,旋转强。球的下降时间长,击球节奏与其他多种发球节奏不一样,易分散对方注意力,增大回球难度。高抛发球动作难度较大,不易掌握。

十、接发球时的站位方法和判断来球的方法

接发球时首先要根据对方发球时所站的位置来决定自己的站位。如果对方准备用正手在球台的右角发球,接发球时应该站在中间偏右;如果对方用反手或侧身在球台的左角发球,则接发球时应站在中间偏左的位置上;而对于对方发出的球是长是短比较难估计时,站位离台的远近要根据自己的打法习惯决定。为了有利于照顾全台,站位不宜过远或过近,一般离台30~40cm。

判断来球时应注意以下几个问题:

(1)注意对方在发球时的挥臂动作和球拍移动方向。一般情况下,对方发斜线球时,手臂常会向斜前方用力;对方发直线球时,手臂一般由后向前用力;对方发急球时,动作幅度较大;对方发短球时,动作幅度较小。另外还要全面注意来球的落点变化,快速移动脚步去接球。在接旋转球时要注意球拍与球接触瞬间球拍的移动方向。因此,要从理论上懂得各种旋转球的性能和作用,还必须在反复的实践中逐步提高观察及判断对方发球的能力,这样才能较好地回接对方的各种发球。

(2)根据对方发球时摆臂幅度的大小和手腕用力的不同程度判断来球落点的远近和旋转的强弱。一般情况下摆臂幅度大的发球,其落点比较长、比较远。如果对方发球时手腕抖动比较厉害,其旋转性比较强,但对方假动作比较多,情况就有所不同。

(3)根据来球的飞行弧线和速度来判断球的旋转性能。如果球的飞行弧线较高、球速快,落台后有一定的冲力,一般属上旋球或不转球;反之,来球弧线低、速度慢、冲力小,则为下旋球。

(4)在遇到长胶与反胶胶皮相结合的两面不同性能球拍时,可以听对方拍击球的声音和注意两面颜色的区别来判断来球的性质。一般情况下,击球声音较响的一面是长胶,声音不太响的一面为反胶。

十一、接发球的基本方法

接发球的基本方法是由点、拨、拉、推、搓、削、摆短、撇侧旋等各种技术综合组成，如果运动员还没有熟练掌握相应技术时，就很难接好对手发过来的球，所以对一名运动员来说，掌握以上技术是非常重要的。一般来说，运动员接发球能力的强弱往往取决于其基本技术水平的高低。因此，不仅要从理论上搞清楚各种旋转球的性能，通过反复训练和比赛提高观察、判断能力，还必须同时努力提高各种基本技术水平。

接发球时除了要适应对方发球的旋转、落点和速度变化外，还要将球回击到对方难以攻击的位置上，如果仅仅靠平时所掌握的那些技术，很难应对迅速、旋转等多变的各种发球，因此必须进行专门和系统的接发球训练，以适应实战的需要。

第三节　推挡技术

一、反手平挡技术的动作要领和技术特点

（1）动作要领。站于球台中间偏左，身体离台约40cm的位置。两脚平行开立或左脚稍前，大臂与肘要靠近身体，拍形基本垂直向后引拍。当来球刚弹起时，前臂向前，以拍迎球，以基本垂直的拍形在上升期击球的中部，以借力为主配合前臂和手腕轻轻用力。击球后稍顺势前送并迅速还原。

（2）技术特点。力量小、速度慢、动作简单，没有旋转或旋转程度很小。是初学者的入门技术，可用来熟悉球性，并帮助提高控制球的能力。

二、反手快推技术的动作要领和技术特点

（1）动作要领。站于球台中间偏左侧，身体离台40~50cm的位置，左脚稍前。右臂自然弯曲，大臂和肘部靠近身体右侧向后引拍，前臂外旋，拍形基本垂直或稍前倾。前臂和手腕向前上方迎球挥拍，在来球的上升前期推击球的中上部，以食指压拍，手腕配合小臂外旋以小臂发力为主。击球后手臂前送并迅速还原。

反手快推

（2）技术特点。站位近、动作小，在借力的基础上配合自身发力，有一定的力量，速度较快，线路变化多。在比赛中可以起到助攻的作用，也可直接得分，是推挡技术中最常用、威力最大的一项技术。

三、加力推挡技术的动作要领和技术特点

（1）动作要领。站于球台中间偏左，身体离球台大约50cm的位置，两脚平行或左脚稍前。右上臂和肘关节靠近身体右侧，前臂外旋并向上提起，向后方引拍，拍形稍前倾。当来球时前臂和手腕向前下方推压。拍形固定，在球的上升期或高点期击球的中上部。以大臂推动小臂，以小臂发力为主，手腕不加转动，向前方用力推压，同时腰部配合发力，重心前移，击球后手臂顺势伸直并立即还原成准备姿势。

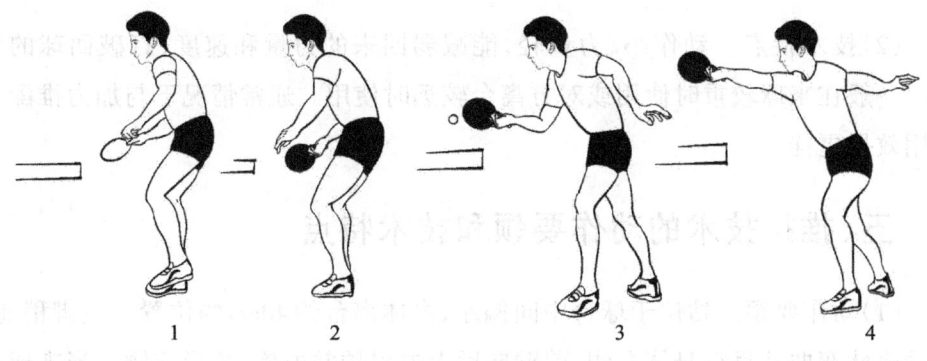

加力推挡

(2)技术特点。球速快、力量重、路线活,稍有上旋或不转。能压制对方的攻势,迫使对方处于被动局面,为本方进攻创造机会。经常与减力挡配套使用,能控制对方也能调动对方,取得较好的效果。

四、减力挡技术的动作要领和技术特点

(1)动作要领。站位于球台中间偏左,身体离球台约40cm的位置。两脚平行或左脚略前,身体略向左转,右上臂和肘关节靠近身体右侧,稍向后引拍,同时前臂外旋,拍形稍前倾。当来球弹起后前臂和手腕向前迎球挥拍,在来球的上升期击球的中上部,拍触球时手臂前移动作突然停止或者根据来球力量的大小轻轻后移,以减小球的反弹力,使球轻轻飞回。击球后迅速还原。

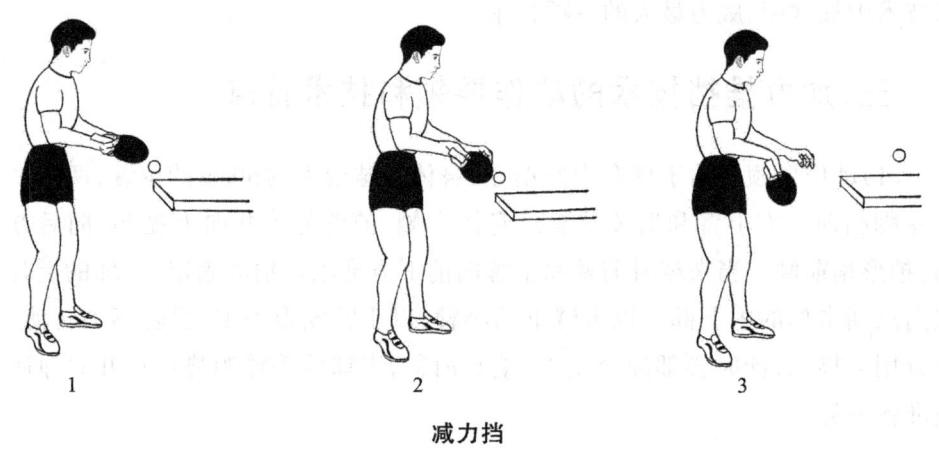

减力挡

(2)技术特点。动作小、力量轻,能减弱回来的力量和速度,打破回球的节奏。一般在来球较重时使用或对方离台较远时使用。通常情况下与加力推配合使用效果更佳。

五、推挤技术的动作要领和技术特点

(1)动作要领。站位于球台中间偏左,身体离台约40cm的位置。左脚稍前,右臂自然弯曲并靠近身体右侧,前臂向后上方引拍并外旋,拍形前倾。当来球弹

起后,前臂和手腕向左前下方挥拍,在球的上升期击球的中上部。拍触球时前臂和手腕向左前下方发力并摩擦球。击球后前臂向前下方伸直,重心前移,并迅速还原。

(2)技术特点。球速慢、弧线低、角度大,并带有侧下旋,有下沉感,对方回击难度大,是对付弧圈球的一种有效的技术。与加力推挡和变线相配合能更好地发挥其作用。

六、推下旋技术的动作要领和技术特点

(1)动作要领。站位与推挤技术相同。右臂自然弯曲并靠近身体右侧。后上方稍引拍并使拍形稍后仰。当球弹起后前臂和手腕向前下方挥拍。在高点期或下降前期推击球的中下部。前臂用力为主配合手腕的向前下方的摩擦用力,使球产生下旋,击球后前臂顺势向前下方伸直,重心前移并迅速还原。

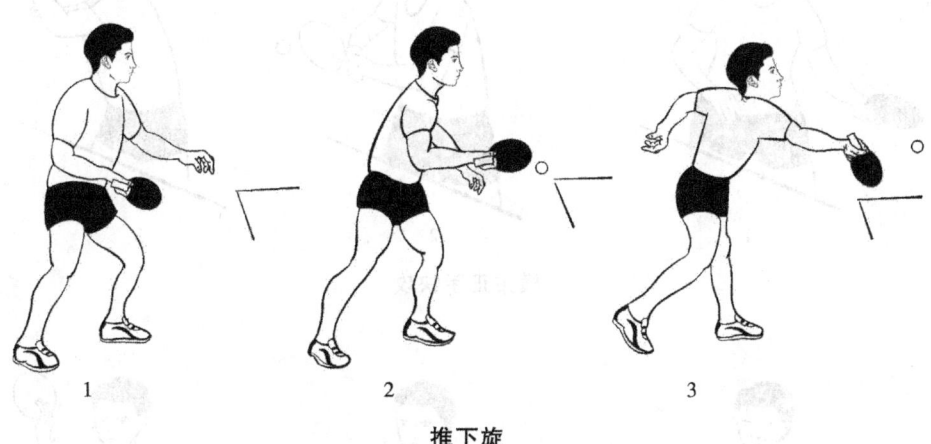

推下旋

(2)技术特点。力量重、弧线低、落点长、带急下旋、球下沉,对方回球时较容易下网,不易进攻,是威力很大的一种推挡技术。

第四节 正反手攻、拉技术

一、正手快攻技术的动作要领和技术特点

（1）动作要领。站位于球台中间或偏左，身体离台约50cm，左脚稍前。右前臂自然弯曲并与地面平行，前臂适当向右后引拍至身体右侧（略后方），拍形稍前倾。当来球刚刚弹起后，以前臂为主带动大臂向前上方挥拍并收前臂，同时腰部由后向左前转动并移动重心；在来球的上升期击球的中上部。拍触球时以前臂为主配合手腕、大臂以及腰部，共同协调用力将球向前上方击出，使整个击球动作路线为一条弧线，完成整个动作后迅速还原。

横拍正手快攻

直拍正手快攻

(2)技术特点。是对攻中常用的一项主要技术,站位近、动作小、速度快、线路活,有一定力量,进攻性强。如果快攻技术运用得好,不仅可以取得主动,而且还可以直接得分。

二、反手快攻技术的动作要领和技术特点

(1)动作要领。站位中近台偏左,身体离球台40~50cm的位置。两脚平行或左脚略前,收腹,上体稍向左转,右臂自然弯曲。前臂向左后方引拍,上体略向前倾,直拍快攻时上臂要靠近身体,拍形前倾。当来球弹起后,以前臂和手腕带动大臂向右前上方挥拍击球,在球的上升期击球的中上部。拍触球时以前臂和手腕为主,配合大臂和腰部协调用力向右前上方发力击球。击球后顺势向右上方挥拍至右肩前并迅速还原。

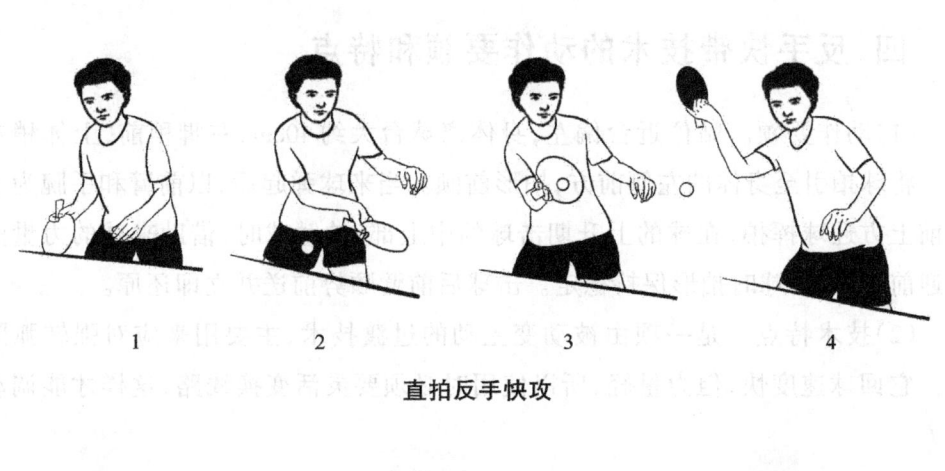

直拍反手快攻

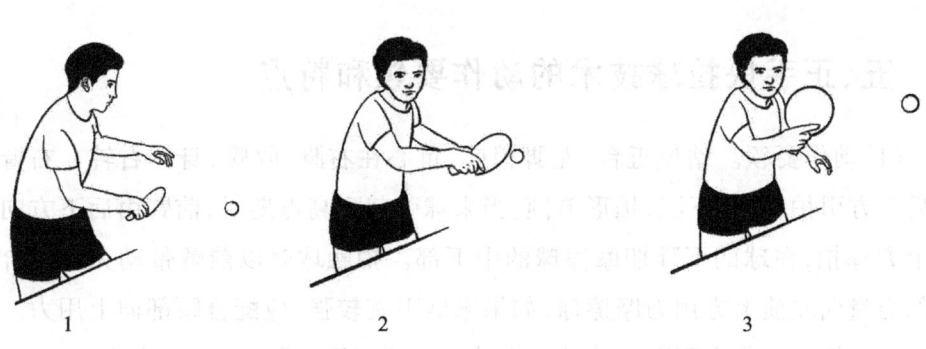

横拍反手快攻

(2)技术特点。是直、横拍两面攻运动员常用的一项重要技术。站位近、动作小、速度快、落点活、进攻性强,能创造扣杀机会,比赛中能以攻带守。

三、正手快带技术的动作要领和特点

(1)动作要领。站位于球台的中间或偏左,身体离台约40cm位置,左脚稍前。身体稍向右转,右臂自然弯曲。前臂引拍至身体右侧,前臂微内旋使拍形略前倾。当来球弹起后,以前臂和手腕为主向左前上方迎球挥拍。在球的上升期击球中上部。拍触球时,以前臂和手腕为主配合腰协调用力向前上方快速带球。击球后完成动作并迅速还原。注意带球动作要小,以借力为主。

(2)技术特点。是对付弧圈球的主要技术。具有速度快、弧线低、落点变化多的特点,迫使对手不能连续拉出强烈的弧圈,为自身创造进攻的机会。

四、反手快带技术的动作要领和特点

(1)动作要领。站位近台偏左,身体离球台大约40cm,左脚稍前,上体稍左转。将球拍引至身体的左侧前方,拍形前倾。当来球弹起后,以前臂和手腕为主向前上方迎球挥拍,在球的上升期击球的中上部,拍触球时,借助来球的力量前臂迎前带球,带球时拍形保持稳定。击球后前臂顺势前送并立即还原。

(2)技术特点。是一项由被动变主动的过渡技术,主要用来应对强转弧圈球。它回球速度快,但力量轻,所以使用时必须要灵活变换线路,这样才能调动对方。

五、正手快拉球技术的动作要领和特点

(1)动作要领。站位近台,左脚稍前,重心在右脚,收腹,身体右转。右臂向右后下方引拍,前臂下沉,拍形前倾,当来球弹起到高点期时,前臂由后下方向左前上方挥拍,在球的下降期摩擦球的中下部。拍触球时以前臂带动大臂结合手腕的力量向左前上方用力摩擦球,如果来球下旋较强,应配合腰部向上用力。身体重心随挥拍动作由下向上移动。击球后迅速还原,准备下一板拉球。

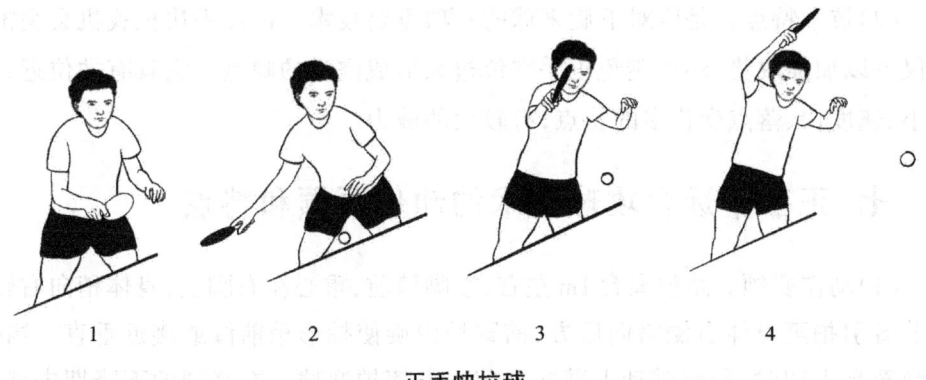

正手快拉球

(2)技术特点。是一项针对削球打法的主要技术,具有速度快、动作小、球路活、稳健性好的特点,也是回击发球和搓球的一项必备技术。常用于接发球抢拉、搓中起板、应对削球时稳拉,以落点、弧线、旋转的变化取得主动。

六、反手快拉球技术的动作要领和特点

(1)动作要领。站位较近台于球台的偏左位。身体稍左转并收腹,右臂自然弯曲并靠身体右侧。前臂左下方引拍并下沉,将球拍引至腹前左侧下方,横拍运动员在引拍时上臂不靠近身体。当来球弹起后,前臂向前加速挥动并向前上方用力摩擦球体。在球的下降期或高点期触击球的中部或中下部。触球时前臂和手腕外旋并用力摩擦球体,制造弧线,腿和腰部向前上方辅助用力,击球后,球拍顺势挥至额头部位并迅速还原。

反手快拉球

（2）技术特点。是应对下旋来球的一项重要技术。以反手快拉找机会突击，不仅可以加强攻势，还可避免正手空位过大形成空当的缺点。它具有站位近、动作小、速度快、落点变化多的特点，有较大的威力。

七、正手中远台攻球技术的动作要领和特点

（1）动作要领。站位离台1m左右，左脚稍前，重心在右脚上，身体稍向右转。右前臂引拍至身体右侧略向后方，前臂稍内旋使拍形稍前倾或接近垂直。当来球弹至高点期时，前臂带动上臂向左前上方挥拍迎球。在来球的下降期击球的中部，并向前上方摩擦球，拍触球时，以前臂和上臂为主，在腿、腰、髋的协助用力下向左前上方发力击球。击球后手臂顺势向左前上方挥动，重心左移，并迅速还原。

正手直拍远台攻球

正手横拍中台攻球

（2）技术特点。站位稍远、动作幅度大、力量重、进攻性强、步法移动范围较大。多用于对攻和相持中，以力量配合落点的变化能直接得分或为扣杀寻找机会。

八、反手中远台攻球技术的动作要领和特点

（1）动作要领。站位于离台约 1m 的地方，重心在左脚上，身体左转。右臂自然弯曲并收腹，右前臂向身体左侧后方引拍并外旋，拍形基本垂直。当来球弹至高点期时，上臂带动前臂向右前方挥拍迎球，同时向右转动腰。在来球的下降期击球的中部。拍触球时，以上臂和前臂为主配合腰、髋的协助用力向右前上方发力击球。击球后顺势向右前上方挥拍并迅速还原。

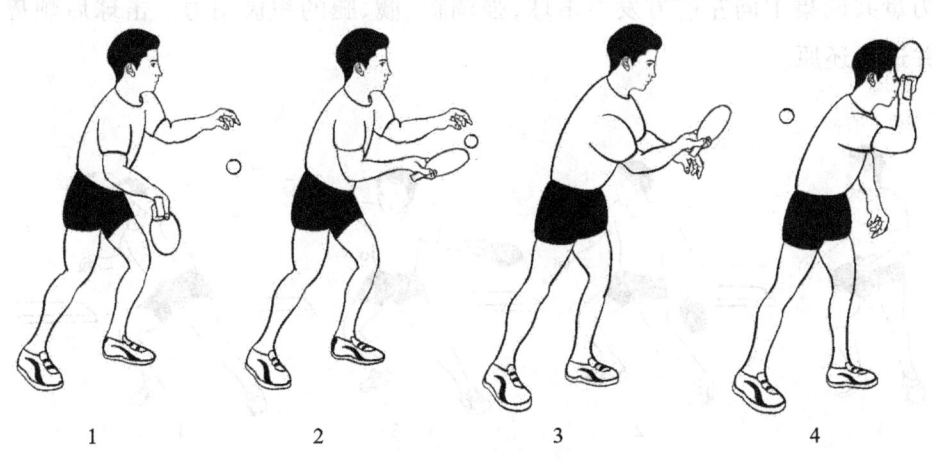

反手直拍中台攻球

反手横拍远台攻球

（2）技术特点。具有力量大、动作大的特点，是发球抢攻后对方被迫向自己的左角回击高长球时使用的一项技术。当对方突然回击过来高球而自己来不及侧身用正手进攻时也常用这一技术。

九、正手扣杀技术的动作要领和特点

（1）动作要领。根据来球的长短决定站位的远近。来球长，站位远；来球短，站位近。左脚稍前，右臂在腰转动的配合下向右后引拍，前臂内旋，使拍面前倾。当来球从台面弹起后，在腰转动的同时，以上臂带动前臂向左前方迎球挥拍，在来球的高点期击球的中上部。拍触球时，以上臂和前臂为主配合腰、髋、腿的协助力量共同集中向左前方发力击球，强调腰、髋、腿的积极用力。击球后顺势挥拍并迅速还原。

直拍正手扣杀

横拍正手扣杀

(2)技术特点。是一项极其重要的技术,一般在取得主动的情况下使用,力量重、速度快、威力大。扣球较多是在来球的高点期将球击出,击球时强调腰腿配合用力。

十、正手扣杀高球技术的动作要领和特点

(1)动作要领。站位一般较远,两脚开立,左脚稍前,身体向右转。右臂向身体的右后方引拍,前臂内旋,拍面前倾。当来球弹至高点期后,整个右臂由后下抬至后上方并向前下方挥拍,在球的下降期击球的中上部。击球时整个手臂随腰部的转动向前下方发力,击球后顺势向左前下方挥拍并迅速还原。

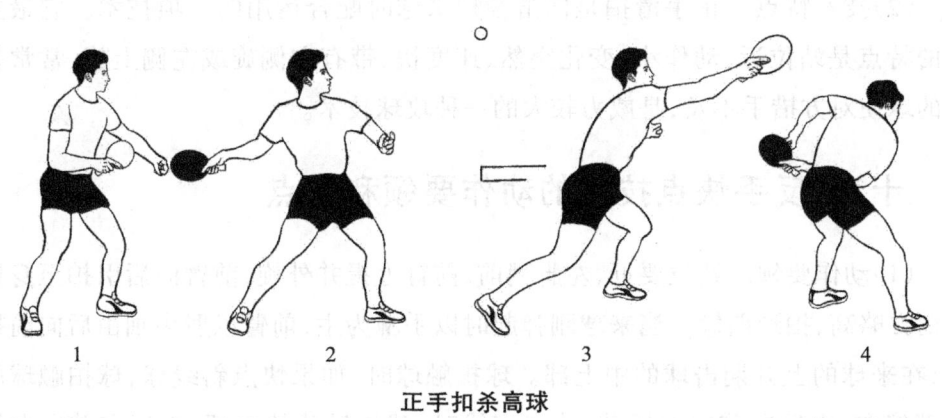

正手扣杀高球

(2)技术特点。动作幅度大、击球点高、力量大、线路多,如果运用得好,能在一两板的扣杀中得分。多用于应对弹起较高的来球。

十一、正手滑拍技术的动作要领和特点

(1)动作要领。站位近台偏左位置,左脚略前并收腹。右臂向身体的右前方引拍,同时前臂内旋,使拍面垂直或稍前倾。当来球从台面上弹起时,以手腕为主带动前臂迅速向前挥拍击球,在来球的高点期击球左中上部并向左摩擦球。拍触球时以手腕动作的突然变化来改变击球路线,手腕略微后屈便可打出直线球。击球后右手臂迅速向左前方挥动并迅速还原。

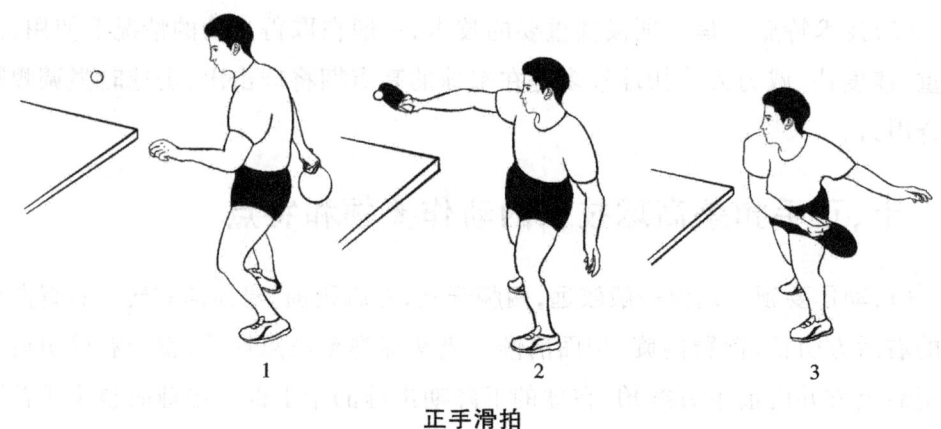

正手滑拍

（2）技术特点。正手滑拍是回击各种来球时配合运用的一项技术。它最主要的特点是站位近、动作小、变化突然、速度快，带有左侧旋或左侧上旋，常常打出的球使对方措手不及，是威力较大的一种攻球技术。

十二、反手快点技术的动作要领和特点

（1）动作要领。站位要近，左脚稍前，前臂上提并外旋，前臂向后引拍至身体左前方略高，拍形前倾。当来球刚弹起时以手腕为主，前臂以肘为轴由后向前挥拍，在来球的上升期击球的中上部。球拍触球时，如果快点斜线球，球拍触球的中部偏左，由后向前向右挥动；快点直线时，球拍触球的中部，由后向前向左挥动。两种动作要力求相似，以迷惑对方。击球后右臂迅速向前挥动并迅速还原。

（2）技术特点。速度快、线路活、具有突然性，是横拍、直拍两面攻打法的一项重要技术，多用于前三板，常用在发短球后和接短的发球以及相互摆短时。

十三、反手快拨技术的动作要领和特点

（1）动作要领。站位近台偏左，离台约40cm的位置，右臂向后引拍至腹前左侧，并前臂外旋使拍形前倾。当来球刚弹起时前臂迅速伸入台内迎球并向右前方挥拍，在来球的上升期击球的中上部，拍触球时手腕要迅速向右前方发力。击球后顺势将球拍挥至右肩前并迅速还原。

反手快拨

（2）技术特点。站位近、动作小、球速快、线路活，能借用来球的反弹力提高球速，创造扣杀机会，常用来应对弧圈球，直拍推挡或反手进攻。虽有一定的速度，但力量较差，因此应与侧身攻或反手突击等技术结合运用。

十四、反手扣杀技术的动作要领和特点

（1）动作要领。站位在中近台偏左，右脚稍前，并收腹。上体稍向左转，右臂自然弯曲于体侧，整个右臂尽可能向左后方引拍，并使拍面稍前倾。当来球从台面弹起后，腰、髋向右转动并带动上臂向右前方快速摆动。球拍触球时，以前臂和上臂发力为主，手腕要控制好拍面角度，在腰和髋的积极配合下用力向右前方或者向右前下方用力击球。击球后整个手臂要迅速还原，以做好打下一板的准备动作。

横拍反手扣杀

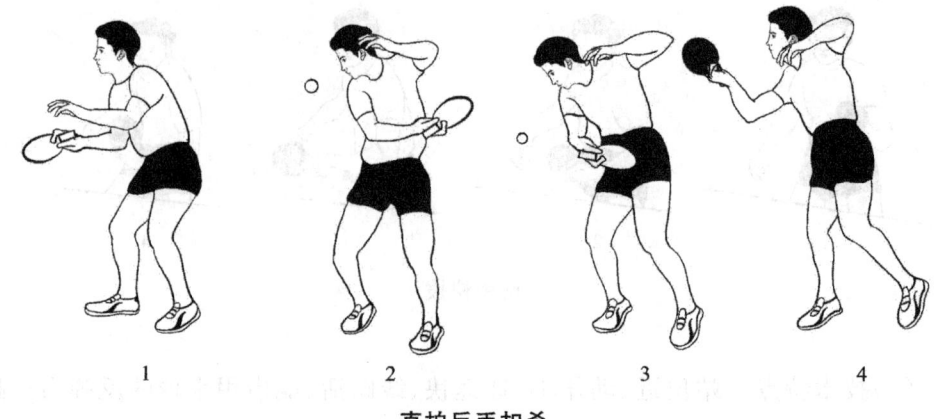

直拍反手扣杀

（2）技术特点。动作大、力量重、球速快，具有较强的攻击性，是还击机会球的一种方法，一般在发球后或相持中取得机会后运用。

十五、正手拉加转弧圈球技术的动作要领和特点

（1）动作要领。一般情况下站位于中近台，左脚稍前，收腹，身体右转，右肩下沉，右前臂自然下垂并向右后下方引拍，手腕后伸，拍形稍前倾并使拍面固定。当来球弹至高点期时，脚掌内侧蹬地，伸膝，腰向左上方转动，同时右臂向前上方用力挥动，在来球的下降期摩擦击球的中部偏上。触球时充分利用手腕的力量摩擦击球，同时腿、腰协调用力。击球后顺势将球拍挥至前额，重心移至左脚，然后迅速还原。

正手拉加转弧圈球

（2）技术特点。飞行弧线高、速度较慢、上旋很强，球着台后下滑速度快，是应对削球、搓球和接出台下旋发球的有效技术，也可以利用它改变击球节奏，以扰乱对方。为自己进攻创造机会时，也常运用加转弧圈球。

十六、正手拉前冲弧圈球技术的动作要领和特点

（1）动作要领。站位要根据来球的位置而定，左脚稍前，身体重心在右脚上，身体向右转。右臂将球拍向右后方引，并使球拍与来球同高或稍低于来球，拍面前倾角度稍大。当来球刚弹起时，在腰的左转带动下，上臂带动前臂向左前方发力，手腕转动摩擦，在球的上升后期或高点期，摩擦球的中上部，使球产生强烈旋转，击球后重心移至左脚。

正手拉前冲弧圈球

（2）技术特点。球的飞行弧线低、速度快、前冲力强，并带有强烈的上旋，容易向下滑，是弧圈型运动员的主要技术之一和得分手段。

十七、正手拉侧旋弧圈球技术的动作要领和特点

（1）动作要领。站位于中近台，左脚稍前，收腹，身体右转，右肩下沉。右前臂自然下垂并向右后下方引拍，拍形稍前倾。当来球弹至高点期时，脚掌内侧蹬地，伸膝，腰向左上方转动，同时右臂由后下先向侧外再向内上兜球，经侧外向内上兜球的力量大于向前的力量。拍触球的部位多由右侧中部或中部稍偏下的位置向左侧上部摩擦球，起拍位置略低于拉前冲弧圈球。上体要随势向左转动，以加大侧旋的力量，击球后顺势将球拍挥至前额并立即还原。

正手拉侧旋弧圈球

（2）技术特点。飞行弧线一般比拉加转弧圈球低，比拉前冲弧圈球高，球落台后向右侧偏拐并急速向右侧下滑落，回接难度较大。侧旋弧圈球是应对右方大角度下旋来球的有效技术。

十八、侧身拉加转弧圈球和前冲弧圈球技术的动作要领和特点

（1）动作要领。动作的主要部分与正手拉加转弧圈球和前冲弧圈球基本相同，但必须迅速移动脚步至合适的击球部位，然后做好拉球前的准备姿势，根据来球的落点、旋转性质等不同情况适当调整引拍的位置和挥拍方向，拉出不同性质的弧圈球。

侧身拉加转、前冲弧圈球

（2）技术特点。侧身拉加转弧圈球与前冲弧圈球，其球的旋转运行特点及在比赛中运用的时机与正手拉加转弧圈球和前冲弧圈球基本相同，不过有时侧身拉的威力更大。弧圈球打法运动员当球来到反手位时，如果来得及，经常侧身抢拉来争取主动或直接得分。

十九、反手拉加转弧圈球技术的动作要领和特点

（1）动作要领。站位于球台中间偏左，身体离球台60cm左右的位置，平行站立或右脚稍前，身体稍向左转。前臂下沉并向腹部下方引拍，收腹，肘关节略向前出，手腕下垂，拍面前倾。当来球弹至高点期时，以肘关节为轴，前臂迅速向上挥动，在下降期击球的中上部。拍触球时手腕迅速向前上方转动摩擦球体，同时两腿上蹬，腰、髋向右上方转动以辅助发力。击球后上臂顺势向上方挥动，并迅速还原成准备姿势。

反手拉加转弧圈球

(2)技术特点。反手拉弧圈球是横拍运动员所独有的技术,其性质和特点与正手拉加转弧圈球相同,一般用来应对下旋发球、搓球和对方一般速度的攻球。

二十、反手拉前冲弧圈球技术的动作要领和特点

(1)动作要领。根据来球情况确定站位,右脚稍前,身体重心放在左脚上,收腹,上体稍向左转,前臂向左下方引拍,上臂靠近身体,拍形前倾。当来球弹起后,前臂向前并稍向上迎球挥拍,同时腰、髋向右转。在来球的高点期或下降前期击球的中上部,拍触球时手腕迅速用力向右前上方摩擦击球。击球后前臂顺势向前上方挥动并迅速还原,重心移至原来的位置。

(2)技术特点。是横拍运动员所特有的一项技术,它具有与正手前冲弧圈球相同的特点和性质。

二十一、反手拉侧旋弧圈球动作的技术要领和特点

(1)动作要领。与反手拉加转弧圈球的基本姿势相同,其不同点在挥拍击球和触球时摩擦球的方向上。反手拉侧旋弧圈球的关键在于由身体右侧向左斜前上方再向右斜前上方弧形挥拍,在来球的下降期摩擦球体左侧中部,拍面要经过一个弧形兜球的过程,使球产生左侧上旋,挥拍动作要逐渐加速。

(2)技术特点。球的运行弧线右侧偏拐,落台后急速向对方球台的左下方滑落,回接难度较大。一般在有充裕的时间时运用这项技术,在快速对抗中难以做到。

第五节 搓球、削球技术

一、搓球技术的动作要领和特点

(1)动作要领(以反手搓球为例)。站位近台,身体离台40cm左右,两脚平行

或左脚稍前,随来球路线向左后上方引拍,拍形后仰。当来球弹起后,以前臂为主向前下方挥拍,拍触球时拍形后仰。慢搓时在下降期摩擦球的中下部,以小臂为主,手腕为辅向前下方发力;快搓时动作较小,在上升期击球的中下部,快搓时还要根据来球的旋转程度调节拍面角度和用力方向。来球下旋强,拍触球的底部,向前用力要大些;来球下旋弱,拍触球的中下部,向下用力要大些。

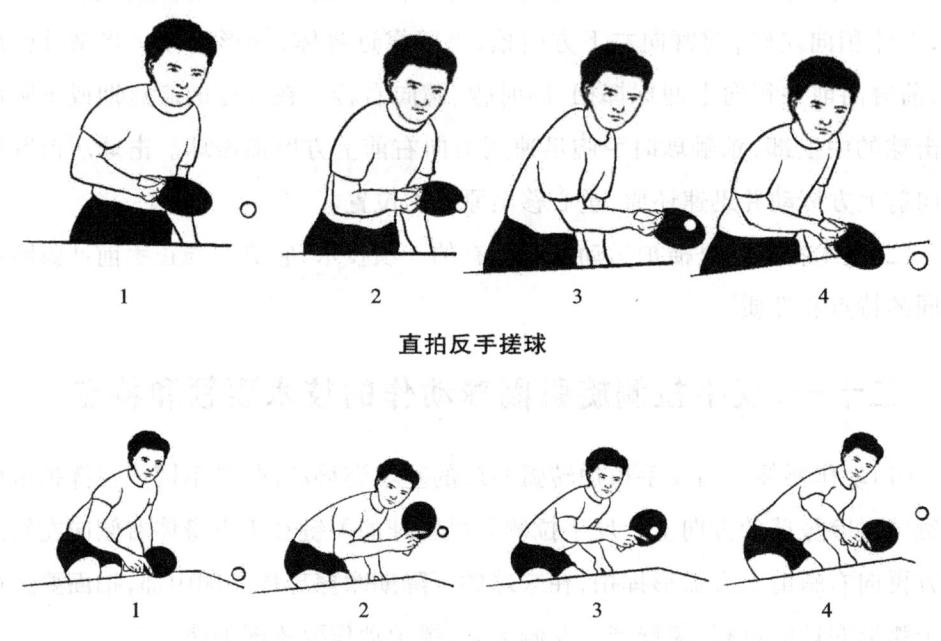

直拍反手搓球

横拍反手搓球

(2)技术特点。快搓一般在上升期击球。在接发球或应对下旋球的过程中,运用正反手快搓可以变化节奏,缩短对方击球时间,为争取主动创造条件。快搓也用来应对对方发过来或搓过来的近网下旋球,既可以搓近网,也可以搓底线长球。而慢搓一般在高点期或下降前期击球,由于回球时间较慢,有利于增大搓球的旋转。在对搓中将快搓、慢搓结合起来运用,可以变化节奏,牵制对方,争取主动。

二、搓侧旋球技术的动作要领和特点

(1)动作要领。反手搓右侧旋站位近台,大约离台50cm处。前臂和手腕向身体的左侧前方引拍,并使拍形后仰,当来球弹起时,右脚和身体迎前,前臂和手腕向左前下方迎球挥拍,在来球的高点期或下降前期击球的中下部。拍触球时,手臂向右发力摩擦球时手腕同时用力,使球产生右旋转,击球后顺势向右前方挥拍并顺势还原。

正手搓左侧旋站位于球台偏右,身体约离球台50cm处。前臂略提起外旋,向身体的右侧前方引拍,拍形后仰,当来球右脚和身体迎前,前臂和手腕向左前下方迎球挥拍。在高点期或下降前期击球的中下部。拍触球时手腕稍后屈,触球的右侧中下部,手臂向左发力摩擦球体的同时手腕辅助用力,使球产生左旋转,击球后顺势向前方挥拍并立即还原。

(2)技术特点。球速慢、弧线低,并带有侧旋,能造成对方回球弧线较高,从而为自己进攻创造条件。

三、搓球摆短技术的方法

(1)动作要领。搓球摆短技术与快搓技术基本相同,不同之处是比一般快搓更快一些。当来球刚从台面弹起时,手臂即迅速迎球,并在来球的上升期前段向前侧轻轻摩擦球的中下部,使球轻轻飞落到对方球台的近网处。

(2)技术特点。具有动作小、回球快、弧线低、线路短及落点近网等特点,能使对方措手不及,打破对方的击球节奏,从而控制对方的进攻。

四、正手近台削球技术的动作要领和特点

(1)动作要领。站位离球台1m左右,随来球变化而选择相应的位置。左脚在前,身体重心在右脚上。前臂向右上方提起并外旋,将球拍引至身体右上方,拍面稍后仰。当来球弹至上升后期时,前臂和手腕向左前下方挥拍迎球,在来球的高点期或下降前期击球的中部略偏下。拍触球时,手腕和上臂协调用力,在上臂、腰、腿的协调用力下,球拍向左前下方摩擦击球,击球后手臂顺势向左前下方

挥动并迅速还原成准备姿势。身体重心从右脚移至左脚后再移回两脚中间。

正手近台削球

（2）技术特点。动作较小，击球点高，击球的节奏和球速较快并带下旋，线路和落点变化较多，能调动对方在左右移动中击球，从而出现被动，为本方进攻创造条件。

五、削加转弧圈球技术的动作要领和特点

（1）动作要领。根据来球落点的远近确定站位。持拍手向后上方引拍，引拍的幅度稍大些，使球拍与击球点之间有足够的加速距离，同时加大两膝的弯曲度。当来球弹起并飞近身体时，先以上臂带动前臂向下用力为主，适当加点向前的力量，同时屈膝来辅助手臂的发力。触球时，球拍不宜过于后仰，手腕相对固定并猛然用力，摩擦球的中下部。如果来球上旋很强，球拍可避开来球的强转后，在来球靠近旋转轴的部位削击球，可降低来球的旋转力。

正手削加转弧圈球

反手削加转弧圈球

（2）技术特点。削加转弧圈球是一项重要的削球技术,但难度也较大。削加转弧圈球一般在来球的下降后期击球,此时来球的旋转已减弱,击球点较低,来球向上的反弹力有一部分可用来形成自然的回球弧线。应利用小臂向下压球的力量和控制回球弧线的高度,从而提高削球的准确性和旋转性。

六、削突击球技术的动作要领和特点

（1）动作要领。根据来球迅速后退,左脚稍前。前臂向身体右前上方引拍,使拍面接近垂直,当来球弹至高点期时,手臂向下挥拍迎球。在来球的下降期击球的中部,整个手臂从上向左下略向前用力摩擦切削,借助来球的反弹力将球击回。击球后,手臂顺势向左前下方挥动,并迅速还原。

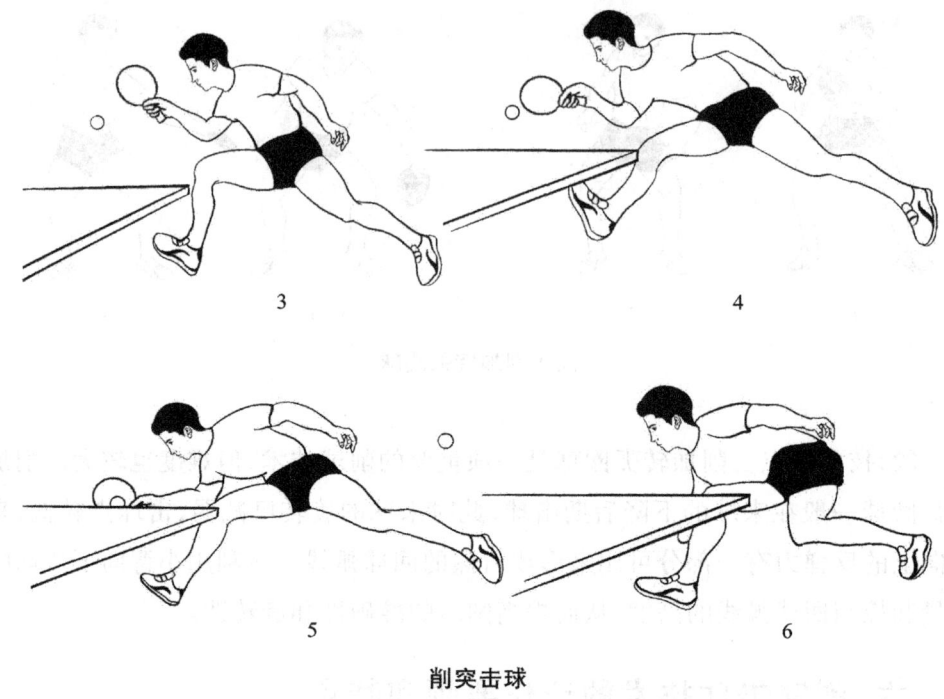

削突击球

(2)技术特点。由于突击球力量重、速度快,所以削突击球常处于被动防守地位,特别是由于突击球是在发球或放短球后、搓球或拉球中进行,其间性能和落点差别太大,这样为削球增加了难度。所以削突击球必须判断准确、快速移动步法,调整好击球的拍形及用力方向等,才能应对来势凶猛的突击球,争取转被动为主动。

七、正手削前冲弧圈球技术的动作要领和特点

(1)动作要领。站位中台,身体离球台1m左右,左脚稍前,身体稍右转。前臂向右后上方引拍,并内旋使拍形垂直或略后仰,引拍幅度要大。当来球弹起至下降中期,手臂向下略向前迎球挥拍。在来球的下降后期击球的中部或中部偏下。拍触球时在上臂的带动下以前臂为主向下方略向前用力切球,同时弯腰,屈膝辅助向下用力,注意借来球的前冲力将球削回。击球时手腕要保持相对稳定,击球后上臂顺势向前下送并立即还原(参见削突击球图)。

(2)技术特点。因来球带强烈上旋、弧线低、前冲力大,削球的击球点低,击

球时间也应该晚些,动作较大,是削球技术中难度最大的一项技术。如能控制好回球的弧线和落点,不仅能有效控制对方的连续进攻,而且能变被动为主动。

八、削追身球的方法

(1)动作要领。当对方攻追身球时,首先要根据来球的位置决定自己的让位方法。如果来球略偏于身体的左侧,可往右方让位用反手来回接;如果来球落到身体的正中或略偏于身体的右侧,可往左方让位用正手回接。

向右方让位用反手削追身球时,手臂要紧贴在身体右侧,前臂上提并向胸上部引拍,使拍形垂直。当来球到近身前,前臂由上往下挥拍用力,站位越近用力越大。拍触球时,上臂外旋并带动前臂向右前方摆动,使球回到对方左角。拍触球时,上臂不做外旋而把肘部略微抬起,并使手腕略微后屈,使拍面微向左方偏斜,这样可以使球回到对方右角。

向左方让位用正手削追身球时,上臂要靠近身体并使前臂向右上方提起引拍,使拍面垂直。当来球追身时,前臂迅速向前下方迎球挥拍,以向下发力为主。在来球的下降期击球的中下部,拍触球时以前臂和手腕为主向前下方用力。如果手腕微屈,可使球回到对方右角;如果手腕稍挺,拍面微向右偏斜,可使球回到对方左角。另外,无论是反手还是正手,如果来球过猛,一时难以让位,可采用向上跳起含胸收腹的办法来弥补让位不足,还可借助身体自然下落的力量来辅助手臂向下压低回球弧线的高度。

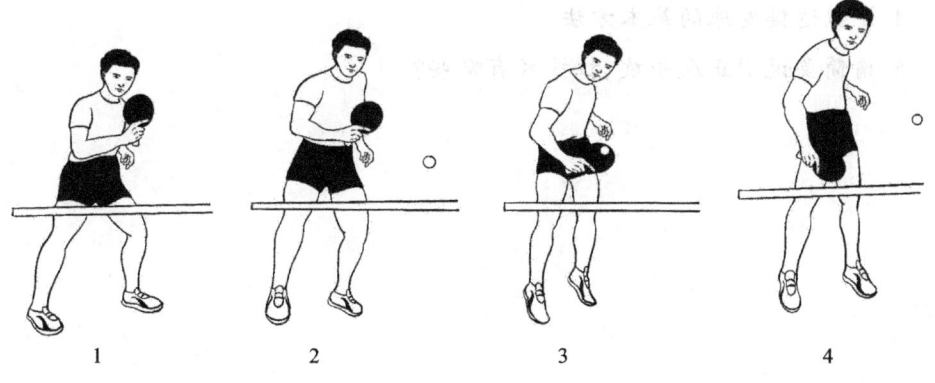

反手削追身球

(2)技术特点。来球逼近身体,必须迅速让位,便于正反手削球。

九、放高球的窍门

放高球是用上旋、侧旋结合制造较高的抛物线,以应对对方凶猛进攻的一种技术。放高球技术也有一定的战术作用。在比赛中,当对方猛烈进攻,将自己逼至远台时利用放高球技术使对方离台远扣,控制对方的进攻速度,以缓和局势。或者在意外遭到快速袭击后,来不及正常反击,这时放高球有可能化险为夷,然后寻机反攻。有时遇到体力稍差的对手或者个子矮小不善打高球的对手,放些高球,也可作为取胜手段。

比赛中放高球必须质量高,否则就会被对方一板打死,也就失去了放高球的意义了,所以高球要放得高,放得靠边,上旋与侧旋力较强。当球落在对方台面以后,能向前方或两侧冲去,使对方下板扣杀时难度大,不能近台攻击,这样的高球威胁性比较大。使用放高球技术一般凶多吉少,只有在万不得已的时候才能使用,所以在表演赛中多使用,实战比赛中用得较少。特别是在青少年训练过程中不宜多提倡,以免影响基本技术的提高。

思考题

1. 请说明乒乓球横握拍和直握拍的优缺点。
2. 请问乒乓球技术中通常用的步法有哪些?
3. 请问乒乓球技术中有哪些常用的发球技术?
4. 请叙述接发球的基本方法。
5. 请简要说明正反手攻、拉技术有哪些?

第六章　乒乓球运动的战术及运用

"战术"是指根据比赛双方实力分析比较,选择克敌制胜的战斗方法,"以己之长,攻彼之短",从而达到胜利的目的。本章将逐一解析乒乓球制胜战术的精妙方法,合理运用即可达到出奇制胜的效果。

第一节　进攻战术

一、乒乓球比赛中制定战术的基本原则

(一)知己知彼,有的放矢

比赛前,运动员不仅要对自己的技术情况心中有数,还必须了解对方的技术、战术特点,长处和弱点等,这样才能制订出有针对性的作战计划。

(二)机动灵活,随机应变

在战术的制定和运用上要灵活多变,根据不同的对手、不同的打法类型制订出不同的战术计划,或者对同一对手的比赛使用不同的战术方案。要根据场上情况随时在落点、旋转和速度上进行变化,这样可以避免呆板现象,为自己取得主动创造条件。

(三)以己之长,制彼之短

每个运动员都有长处和短处、优点和缺点。例如,有的运动员正手技术好,有的运动员善于应对快攻型打法而不善于应对削球打法等。所以,比赛时要善于发挥自己的特长,抓住对方的弱点进行攻击,使对方的长处不能发挥,从而取得主动,争取胜利。

(四)善于观察,善于分析

在战术运用上要善于观察对方的心理变化和战局变化,及时做出决策,果断地给对方出其不意的攻击,从而破坏对方的战术计划,打乱对方的心理防线。

(五)勇猛顽强,敢打敢拼

战术的制定和运用只有在勇猛顽强、敢打敢拼的精神支持下,才能使战术达到预期的效果。坚强的意志品质和良好的战斗作风来自平时的刻苦训练。

以上各原则是有机联系、互为条件的辩证统一体。

二、快攻型打法的指导思想

充分利用快速多变的战术来调动对方和控制对方。应对攻球打法时,主要是运用推挡和近台正手和反手攻球来攻击对方,并利用发球、拉球、搓球等手段为攻球创造条件。应对削球打法时,主要是运用拉球、突击和扣杀来攻击对方,并利用发球、搓球、推挡等手段为攻球创造条件。

快攻型打法的基本战术大致可分为发球抢攻、对攻、拉攻、搓攻和接发球等。

三、发球抢攻战术的方法及运用

发球抢攻是快攻型打法利用发球力争主动,先发制人的一项主要战术,是比赛中的主要得分手段。

(1)正手发转与不转短球至对方右方或中路为主,配合发长球至对方左方伺机进行抢攻。

(2)侧身发高低抛左侧上下旋至中路或左大角,结合中路长球,有时可发直线奔球到右角作为配合进行抢攻。

(3)正手发右侧上旋击球至右方或中路,配合发左侧旋直线长球或近网短球进行抢攻。

(4)反手发侧上下旋球至对方中间偏右近网处,配合发大角长球伺机抢攻。

(5)反手发急下旋球为主,配合短球和急上旋球后抢攻或抢推。

四、对攻战术的方法及运用

对攻是进攻类打法相互对抗时，双方利用速度、旋转、落点变化和力量的轻重来控制对方，力争取得主动的一种重要手段。快攻打法的对攻战术主要是发挥其快速多变的特点来调动对方，以达到攻击对方的目的。快攻打法的各种具体对攻战术主要是依靠左推右攻或正反手攻球结合变化落点和力量轻重来组成的，常用的有下列几套。

(1)紧压反手，结合变线，伺机抢攻。运用此战术时，一般先用推挡压住对方的反手，要求速度快、角度大或力量重，伺机侧身抢攻。如果对方勉强侧身用正手将球拉起，可连压反手或快速变直线到对方的右方空挡伺机侧身抢攻；如果对方采用侧身搏杀，则可配合变线，以牵制对方。

(2)调右压左。所谓"调右压左"就是先打对方的正手，把对方调到正手位迫使其离台，然后再打反手，使对方不能发挥近台反手推攻和侧身进攻的特长。"调右"和"压左"两者之间是紧密联系、相辅相成的，但要明确调右的目的是压左。

(3)加、减力推压中路及两角，伺机抢攻。这是应对两面拉弧圈打法的主要对攻战术。可先用加力推挡或反手攻球压住对方的反手或中路，迫使对方离台回击，再用减力推挡，或用推挤到其中路，或快推两大角，以调动对方前后、左右移动，然后快攻中路或两角。

(4)压中路或正手，伺机抢攻。这是应对两面攻或横拍反手攻球较强的选手所采用的对攻战术。因为这类选手往往是反手进攻技术好，正手球较弱，中路是最大的弱点，故在对方中路或正手可用推挡或反手攻球，或对方攻势较弱时，伺机用正手侧身抢攻。

(5)被动防御和"打回头"。在对攻中，当对方主动变线袭击自己的正手或中路时，应坚决用近台正手快攻斜线或侧身攻两角；当对方主动攻击正手时，则可采用中台"打回头"的战术。

五、拉攻战术的方法及运用

拉攻战术是进攻型打法对削球打法的主要战术。快攻型的拉攻战术主要是运用拉球的落点变化创造机会，进行突击和扣杀，迫使对方后退防守，从而达到控制对方，赢得主动的目的。快攻类的拉攻战术主要有下列几套。

（1）拉反手后侧身突击斜线，然后扣杀中路或两角。这是打拉攻的基本战术。侧身攻斜线是直拍快攻类打法的特长路线，打这条路线便于发挥腰部力量，加之路线长，有利于提高命中率。当攻斜线取得机会后再杀中路或正手，有时可连杀反手。

（2）拉不同落点后突击中路或直线，然后扣杀两大角。中路防守是削球选手普遍的弱点，直线线路短，削球手也较难防。因此突击中路、直线比较容易得分或使对方放出高球。

（3）拉对方中路左右，伺机突击两角杀空当。这是应对逼角为主或控制落点较好的削球选手所采用的战术。用拉中路左右可迫使对方忙于让位削球，而难于采用逼角或控制落点，然后突击其两角，待出机会球后再杀空当。

（4）拉对方正手找机会突击中路后连续扣杀两角。当攻球手感到对方反手削球控制较好或自己不太适应时，可用拉正手交替拉中路的战术，以便从对方的正手找机会加力突击后再连续扣杀。

（5）长、短球和拉、搓结合。稳削打法一般站位较远，故运用长、短球战术比较有利。先用拉球结合突击，迫使对方退台防守，然后用搓球或短球引其上台再突击其中路，得机会球后进行连续扣杀。

（6）攻中防御。在运用拉攻战术时，不可避免地要遭对方反击，这时必须加强积极防御。当对方进行削中反击时，应采取推挡变线和正手打回头压住对方第一板球，使其不能连续进攻。对方两面都能攻的可压其中路，对方单面攻的压其两角。如应对攻、守结合打法则要经常做好对攻的准备。

以上几套拉攻战术要根据自身特点和对方的具体情况灵活运用。

六、接发球战术的种类方法

接发球战术必须要树立积极主动的思想，争取抢先进攻或形成相持局面。快攻型打法应积极利用快速多变的各种手段去接发球，并与个人特长密切配合起来。主要有以下几套接发球战术。

（1）用拉球或推挡控制对方反手为主，配合突然变正手与中路。

（2）用快搓短球为主结合快搓底线长球控制对方，然后力争主动抢拉或加力突击。

（3）用"快点"快攻或中等力量的突击进行接发球抢攻。

七、弧圈型打法的基本战术

弧圈型打法包括横拍弧圈球打法和直拍弧圈球打法两种。这类打法以拉弧圈球进攻为主，辅以一定的快攻，所以也叫弧圈结合快攻打法。

横拍弧圈球打法站位中台，以弧圈球为主要得分手段，用前冲弧圈球代替一般扣杀。既有强烈的旋转，又有较快的速度，充分发挥了旋转的作用，同时也具有一般的快攻能力作为辅助手段。这类打法的作战策略是以旋转变化来控制对方，攻击对方，无论是应对攻球打法还是应对守球打法，其主要战术都是以弧圈球和扣杀来攻击对方，并利用发球、搓球、快拨等手段为拉弧圈和扣杀创造条件。

直拍弧圈型打法站位中近台，同横拍弧圈球打法一样，也以弧圈球进攻为主要得分手段。所不同的是反手用推挡球作为进攻的辅助手段。其作战策略也是以旋转变化来控制对方，并利用发球、搓球和推挡等手段为拉弧圈和扣杀创造条件。离台时，还可用反手攻球来过渡。

弧圈型打法的主要战术大致可分为发球抢攻、对攻、搓攻和接发球等五项。

八、削攻型打法的基本战术

削攻型打法战术的指导思想必须是用旋转变化来创造机会，用攻球或弧圈形成杀伤力，攻和削是相互促进、相互影响的。

削攻型打法的主要战术有发球抢攻，削球结合反攻，攻、挡、削结合，搓攻和接发球五项。

（一）发球抢攻

发球抢攻是削攻型打法的重要得分手段。主要利用旋转多变的发球来直接得分或创造机会抢攻,其主要发抢战术有以下几套。

(1)反手发转与不转长短球后侧身抢攻或抢冲。

(2)正手发转与不转球至对方正手或刚出台处,然后抢攻或抢冲其中路。

(3)正手发下蹲左右侧上下旋球后抢攻或抢冲。

(4)正手发高低抛左侧上下旋球后侧身抢冲或反手抢攻中路为主。

(5)反手发右侧上下旋短球为主,配合发长球和急球后抢攻。

(二)削球结合反攻

削球结合反攻是削攻打法的主要战术。它用削球变化旋转和落点,造成对方在移动中回击失误或接出高球,赢得自己进攻的机会。常用的有下列几套。

(1)加转削球至对方左方为主,配合送不转至右方后反攻。

(2)连削对方正手再变反手,逼对方搓后反攻。

(3)连削加转球控制不同落点,伺机削不转球后反攻。

(4)接短球用正反手反攻或用快搓转与不转控制两角后反攻。

(5)从稳削变化旋转和落点为主,适当配合反攻。

(三)挡、攻、削结合

在直拍削攻打法中运用较多。挡、攻、削结合主要是用近台推挡和攻球来变化落点,伺机进攻;适当配合用削球过渡,伺机反攻。

(1)用推挡或攻球先压对方反手,结合变线伺机进攻;配合运用削球控制后反攻。

(2)连续削球逼对方一点,突击用近台推挡变线后进攻。

(3)对攻中用减力推或挡、削结合伺机抢攻。

(4)拉、搓、拱结合,伺机突击或前冲。

(四)搓攻

搓攻是削攻打法进攻战术之一,是用搓球控制对方,为进攻创造机会。搓攻战术主要有下列几套。

(1)搓加转至对方反手大角后攻中路、正手,配合搓变正手后攻反手、中路。

(2)快搓不同旋转和落点后伺机突击或拉弧圈球。

(3)稳搓对方正手为主,伺机突然袭击反手、中路。

(4)轮换发球法战术。

(五)接发球

削攻型打法的接发球战术是充分利用搓球和削球的旋转、落点变化来控制对方的抢攻战术。接发球战术具体有以下几套。

(1)用加转搓球或削球至对方近网处和反手大角,配合送转与不转长球至对方正手。

(2)用快搓或攻球控制对方两角,配合用正手拉或撇一板至对方反手。

(3)用挡球或快拨斜线、直线后伺机进攻或退台削。

(4)用快攻或快拉接发球抢攻。

九、搓攻型打法的基本战术

搓攻战术是攻击型打法的辅助战术,是削攻型打法的主要战术之一。它主要利用各种搓球技术使球的旋转和落点发生变化,从而为争取主动创造机会。常用的搓球战术有以下几套。

(1)快慢结合,伺机抢攻。先慢搓底线长球,迫使对方后退后,再快搓近网短球,调动对方,伺机进攻。

(2)搓转与不转结合运用。用相似的动作和拍形搓出不同的旋转球,以迷惑对方,使对方出现判断上的失误,伺机抢攻。

(3)搓球变线,连续搓对方反手底线球,在变线前,先搓一板反手大角度,然后突然变直线或右方大角度,使对方来不及调整站位而出现被动。

(4)搓中变化落点和控制落点,专向对方的弱点位搓,使对方难以起板,造成被动局面。例如搓给对方的中路追身球,中右近网球等。

(5)搓中突击,对搓中抢先上手拉一板后转入快攻,或者运用快点、直线突击等抢攻技术先得主动。

(6)搓中抢攻或抢推，当遇到不同性能的球拍时，像长胶、防弧圈球拍等搓过来的球不转，可以直接抢攻或抢推，以抢先上手后，以快攻压倒对方。

十、左推右攻打法的战术特点

左推右攻打法的技术特点是以近台正手攻球为进攻的主要手段，以反手推挡为助攻和防御的主要手段。还击对方落在左半台的发球或搓球时，常采用侧身用正手抢攻或抢位的方法来争取主动。步伐一般以单步、换步或跳步向左右横跨为主。

十一、近台两面攻打法的战术特点

以正反手两面进攻作为得分的主要手段。在还击对方落在左半台的发球、搓球或抽球时，多采用反手抽击，有时也结合侧身抢攻。步伐一般以单步上前或后退，以跳步向左或向右移动来借以缩小照顾球台的范围。

十二、弧圈球结合快攻打法的战术特点

这种打法站位在中近台至中台，以拉弧圈球为主要的得分手段同时结合快攻。其主要特点是以轻制快，以转破转，用强烈的上旋弧圈球迫使对方离台防守，用转与不转弧圈球扰乱对方，运用快和慢的结合破坏对方击球的节奏，然后伺机扣杀。按技术分主要有高吊和前冲弧圈球两种，按握拍法分为直握拍弧圈结合快攻和横握拍弧圈结合快攻两种。直拍弧圈球结合快攻打法以正手为主，反手适用推挡和反手攻或使用直板横打技术进攻，也使用侧身攻和拉后扣杀。横拍弧圈结合快攻打法能两面拉，以正手拉为主，反手既能拉也能快打快拨。这种打法是当代乒乓球运动的重要打法之一。

十三、快攻结合弧圈球打法的战术特点

这种打法站位中近台，以快攻为主，拉弧圈球为辅。按握拍法可分为直拍快攻结合弧圈球和横拍快攻结合弧圈两种。其特点是以速度为主，旋转为辅，速度

和旋转结合较好,能快则快,不能快时,则有一定速度的旋转创造条件,争取主动。

其技术特点是正手攻球有速度,拉弧圈球旋转强烈,速度较快,在实战中能近台快抽、快拨和抢冲,亦能中台拉弧圈球相持或过渡。能攻能防,是当代乒乓球运动技术的重要打法之一。

第二节 双打战术

一、双打的配对方法

双打配对的好坏直接影响着双打技术能否较好的发挥,合理正确的双打配对是打好双打的重要条件之一。在配对时一般要遵守以下原则。

(1)配对双方感情融洽是合作的前提。

(2)配对双方在技术、战术上各有特点,能互相弥补、互相帮助,并能形成默契。

(3)在站位上最好能一前一后或一左一右,以避免发生冲撞。

(4)应选择步法好、落点刁、前四板技术好,并有相持能力的选手配对。

(5)一旦选好配对,尽可能保持配对的相对稳定性,不要经常换人,以加强彼此之间的了解和密切配合。

根据以上原则,双打的配对多种多样。随着乒乓球技术的发展,双打配对也会发生变化。但常用的基本配对方法大概有以下几种。

(1)不同类型打法选手的配对:包括一个左推右攻和一个两面攻打法的配对、一个快攻和一个弧圈打法的配对、一个快攻和一个快攻结合弧圈打法的配对、一个快攻和一个削攻结合打法的配对,以及一个弧圈打法和一个快攻结合弧圈打法的配对。

(2)相同类型打法的配对:包括两个左推右攻的配对、两个两面攻打法的配对、两个削攻结合打法的配对、两个不同性能球拍打法的配对、两个弧圈打法的配对,以及两个快攻结合弧圈打法的配对。

（3）一个左手执拍和一个右手执拍的配对：这种配对的站位一左一右，可以减少跑动的范围以节省时间，有利于充分发挥正反手的进攻威力。

（4）前后站位的配对：如一个近台快攻选手和一个中台的弧圈选手配对，这种选手站位一前一后，便于击球时各自移动位置互不相撞，技术上也可互相取长补短。

二、双打的步法移位方法

双打的脚步移位有以下要求：击球后应迅速移位，以免对方打追身球；移位时不要妨碍同伴击球；应尽量站在有利于下次击球的位置上。双打常见的移位方法有以下几种。

（一）环形移动法

两名左手或两名右手选手配对时常采用这种方法。一人击球后迅速以弧形向同伴的身后绕去，同伴击完球后，立即上前，准备击球。两人的走位路线相同。

（二）"八"字形移动法

左手与右手执拍的选手配对时，多采用此法。两人击球后均向自己的反手一侧做斜向移动。

（三）"T"形移动法

一名站位近台选手与一名站位中远台选手配对时，多用此方法。例如，一名近台快攻打法选手与一名弧圈型打法的选手相配、一名快攻选手与一名削功结合打法相配对等。移动方法是站位近的人采取左右移动的方法，而站位远的人采取前后移动的方法，从而形成"T"形跑位法。

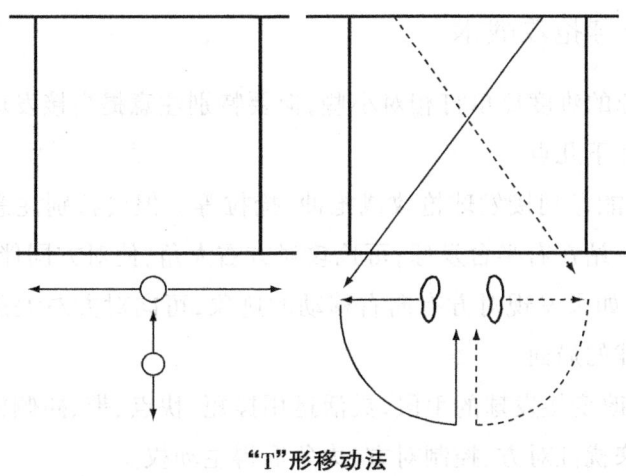

"T"形移动法

以上是双打的基本移位法,在实际练习和比赛中,必须根据千变万化的实际情况灵活运用。

三、双打的主要战术

双打的战术与单打有相同之处,不同的是双打的战术是由两个人共同完成,所以两人之间的默契配合至关重要。

(一)发球抢攻战术

由于双打的发球区是固定的,这就对发球提出了更高的要求。一般情况下选择控制弧线好、控制落点好、旋转变化大的选手为第一发球员。例如:

(1)发近网下旋转与不转球后伺机抢攻。

(2)发近网侧上、下旋球后伺机抢攻。

(3)发逼近对方身体的右侧上旋奔球后伺机抢攻。

要注意与同伴默契配合,及时用手语或口语告诉同伴要发的是什么球;要特别注意发球的区域和落点,发近网时要确保第二跳不出台;要注重第三板的抢攻和抢位,一旦抢攻不成,要想法用中等力量打对方的弱点,或想法控制一板,为同伴创造下一板抢攻的机会。

(二)接发球抢攻战术

双打接发球的难度比单打相对小些,但要特别注意提高接发球的质量,接发球时尽量做到如下几点。

(1)要尽可能做到接发球抢攻或抢冲、抢拉等。但要特别注意抢攻的落点,如果注意到对方站在右半台发球,可抢攻对方右大角,使对方同伴接球者来不及向右移动接球;如果发现对方有向右移动的迹象,可向对方左大角攻击,造成对方来不及回击球的局面。

(2)要注意改变接发球的手段,灵活运用搓短、快点、带、撇侧旋、制弧线和落点等不同手段来扰乱对方、控制对方,力争取得主动权。

(三)打相持球的战术

(1)连续进攻一角,把两人挤到一起后突击相反方向。

(2)交叉攻打两角,使两人在左右奔跑中出现空当,然后进攻。

(3)不断攻击对方的弱点,使对方出现被动后伺机抢攻。

(4)进攻两人的空当,使两人在大范围跑动中出现被动,然后伺机抢攻。

(5)连续打追身球,使两人出现让位困难,然后伺机抢攻。

(6)利用击球的旋转、落点、力量、节奏等方面的变化调动对方,以争取主动。

随着乒乓球技术的不断发展和创新,双打的配对和对手也在不断变化和创新,因此只有根据对手的具体情况灵活运用战术,才能收到良好效果。

四、双打比赛中选择发球和接发球的顺序

(一)中签情况下优先选择接发球

双打比赛中在中签情况下选择接发球较好。选择接发球除了能摆脱限区发球的被动外,更重要的是能争取接发球时进攻的主动。双打的接发球一般有两种方法:一种是强者接对方弱者的球攻对方弱者,另一种是强者接强者的球攻对方弱者。这两种方法在一场比赛中将会先后遇上,那么第一局先选用哪种方法较好呢?在女子双打或男子双打中采用本方强者接对方弱者的球,然后打击对

方强者较为有利。因为弱者的控制球能力和攻击能力都差于强者,从弱者方面可以创造出攻击强者的机会,使强者的攻击能力难以发挥,造成被动。在混双中采用男接男的球(男攻女或女接女的球)较为有利。因为一般情况下男球比女球强,男接男的球较之女接男的球少吃发球;男攻女,女的防御能力较男运动员差,易于突破,所以男攻女有利。女接女的发球较之接男的发球难度较小,可以少吃发球。男攻男,男防御能力较女强,不会轻易被攻破,所以女接女的发球较为有利。因此,在中签情况下优先选择发球,争取接球的主动权是十分必要的。如果在不了解对手的情况下,也可优先选择发球权。

(二)未中签情况下,应优先选择发球质量高的运动员先发球

应优先选择发球质量高、旋转强、变化多、控制落点好的运动员为第一发球员。在混合双打中优先选择男运动员较为有利。

思考题
1. 制定战术的基本原则有哪些?
2. 双打的配对策略是什么?

第七章　现代乒乓球运动教学与训练

本章系统地讲述了乒乓球教学与训练的原则和多种学练乒乓球的方法。科学的训练方法是提升练习效果的捷径之一。

第一节　乒乓球教学与训练的基本原则

一、乒乓球教学与训练的主要区别

乒乓球的教学和训练之间相互联系、相互渗透,有着许多相同之处。例如它们都是以身体练习为基本手段,都要承担一定的负荷量,都要求全面锻炼身体,提高人体的身体机能。在教学和训练过程中都有教育和教学的因素,而其主要目的、对象、内容、方法、组织形式等方面,却不尽相同。因此,它们又是各自独立的,既不可相互代替,又不可相互混淆。

乒乓球教学与训练的主要区别

分类	乒乓球教学	乒乓球训练
主要目的	思想教育,增强体质,掌握乒乓球知识、技术和技能	创造优异成绩,提高技术水平
对象	学生	高水平运动队学生
内容	按规定的教学大纲,安排教学计划、进度和内容	以技术训练为主,具有专项化性质
组织形式	以教学班组织教学,教师起指导作用	在教练员指导下训练,按明确的规定进行比赛
运动负荷	适应学生的运动负荷,负荷量较小	大强度、大负荷
效果评定	按教学大纲规定,进行平时和定期考核	通过竞赛确定成绩,被社会乃至世界承认

二、乒乓球的教学原则

（一）自觉积极性原则

在教学过程中，教师（教练）要教育学生首先明确学习目的，积极主动地学习和思考，自觉认真地完成学习任务，并能将理论知识运用到实践中去。

任何项目的教学活动都是教学相长，学生只有具备高度的学习自觉性和积极性，学习才能收到良好的效果。在教学过程中，教师要起主导作用，教师要善于激发学生学习的主动性和积极性。

（二）直观性原则

在教学中通过学生的各种感官，丰富学生的感性认识，使学生获得生动而清晰的动作表象，以利于掌握技术动作的目的。

常用的直观教学法有教师的动作示范、优秀运动员的比赛或技术录像、徒手模仿练习，以及富有生动形象的口诀要领等。在这些直观的教学过程中，使学生"从生动的直观到抽象的思维"，从而建立起正确的技术动作概念，并有意识地模仿，以达到尽快掌握动作的目的。直观性原则应做到如下几点。

（1）利用各种直观法教学时，应使学生明确所要看到的是什么，应该怎样看。

（2）教师利用正确、协调、优美的示范和生动的讲解，利用恰当的时机进行讲解，对提高直观效果起到积极的作用。

（3）利用适当的时机对学生的动作进行正误对比，启发他们的积极思维，提高他们分析问题和观察问题的能力。

（三）从实际出发原则

在教学中，要根据学生的身体、技术、技能等各方面具体情况，在条件允许的情况下开展教学，使学生既能接受，又有利于组织教学。贯彻此原则时应注意以下几点。

（1）对学生的乒乓球基础水平进行深入细致的了解，并了解乒乓球运动的发展趋势。

(2)一般要求和区别对待相结合。学生的个体情况不尽相同,既要照顾大多数学生,又要考虑到少数同学的特殊性。

(3)循序渐进原则。教学计划、教学内容、教学方法和教学步骤要根据乒乓球运动的规律和学生认知事物的规律做出科学的安排,由易到难,由浅到深,由近到远,由已知到未知,逐步深化。在运动负荷的安排上应有节奏地逐渐增加。

(4)提高与巩固原则。提高和巩固学生的学习效果的有效方法有课堂提问、课外作业、课外辅导和比赛等。使学生所学的理论知识、技术、技能熟练地运用到教学、训练和比赛中,不断提高和巩固技术水平。

(5)理论和实践相结合原则。在教学中充分发挥理论知识的指导作用,在学习掌握技术、技能时不断加深对理论知识的理解和运用,使学生不但要知其然,还要知其所以然,发挥理论和实践相互促进的作用。

以上原则相互联系、相互渗透,在实际教学中应注意综合考虑,综合运用。

三、乒乓球的教学方法

乒乓球教学中常用的方法有语言法、直观法、完整法与分解法、练习法等。

(一)语言法

语言法是通过教师的讲解向学生讲明教学的任务、内容、要求及所学技术动作的名称、要领、做法等,帮助学生尽快建立起正确的动作概念,以便迅速地掌握技术、技能的一种方法。正确运用语言法教学可以使学生较好地明确学习任务,端正学习态度,启发学生进行积极的思维,从而加深学生对所学内容的进一步理解,以便使学生尽快掌握乒乓球的理论知识、基本技术和动作要领。运用语言法教学要注意以下几点。

(1)讲解目的明确,做到有的放矢。

(2)讲解内容要正确、清楚。

(3)讲解要口齿清楚、简单易懂、重点突出,具有启发性。

(4)要在恰当的时机进行讲解。

(二)直观法

常用的直观法有动作示范、教具模型演示、电化教育等。示范法是最常用的教学方法,教师通过正确的示范,使学生对所学动作的整体形象有个整体的了解,帮助学生建立起正确的动作概念,激发学生的学习兴趣。示范时要注意以下几点。

(1)示范的目的明确、突出重点、层次清楚。
(2)示范的动作要准确、熟练、协调、轻松而优美。
(3)示范动作的方向、位置等要恰到好处。
(4)示范和讲解要紧密配合,直观和思维相配合。

(三)完整法和分解法

完整法是指不分部分,从始至终完整地完成动作,以便于学生完整地掌握技术动作。完整法较适合于简单或者不易分解的动作,如发球、攻球、挡球和搓球等。

分解法是将一个完整的动作合理地分成几个部分,按部分逐个进行教学,然后再做完整的教学和练习。它是由简到繁、循序渐进,容易提高学生的学习信心,一般用于动作复杂或基础较差的学生。

(四)练习法

练习法是根据教学任务,有目的地重复做一个动作的教学方法。常用的有重复练习法、变换练习法、综合练习法、循环练习法和比赛练习法等。

四、乒乓球训练的基本原则

(一)自觉性与积极性相结合

教练员应以培养世界冠军、攀登世界高峰为目标,使运动员从思想上树立勇于攀登世界高峰的雄心壮志,为国争光的目标和理想;培养比赛中敢于发挥自己的技术水平,赛出风格的心理素质。训练中应勇于创新,敢于向世界水平挑战,为我国乒乓球运动在世界乒坛保持领先地位并不断研究探索训练中出现的各种问题,提高战略思想和战术意识。

(二)直观与启发相结合

直观教学。通过直观方式,如动作示范、电影、挂图、幻灯、模型、技术录像等,使运动员厘清正确动作的细节。通过助力和阻力,即用外力的帮助和抵抗力的阻碍来增强肌肉的本体感觉,辨别完成动作的时间和空间的正确关系;通过教具,如击球轨迹图、击球器等来做模仿练习。运用恰当准确的语言,如把动作编成口诀,引导运动员在训练中发挥自我的想象力与创造力。

启发智能。以提高训练效果为目的,教练员应该有清晰的思路,制订合理计划、采取多种多样手段,按严格准确的要求指导训练,教学初期要以启发诱导为主,调动运动员的积极性。

(三)系统性原则

一个优秀的运动员从初学乒乓球到打出成绩,以及保持和进一步提高成绩,必须经过多年的系统训练才能成功。短期的、零碎的、彼此脱节的训练是不能培养出优秀运动员的,因为训练内容、训练过程都是彼此相关、互相促进、互相影响的。只有经过长期不间断的系统训练,才能建立起良好的运动条件反射和动力定型,使动作不断巩固和提高。

(四)适宜负荷原则

一般情况下,为了适应比赛的需要,通常把平时的训练量等于或者大于比赛的运动量。然而过大的负荷,势必会造成过度疲劳,影响运动水平的提高。实践证明,只有适宜的大运动量训练,才能加快运动条件反射的建立,促进技术水平的提高,尽量按照循序渐进原则开展训练,大、中、小运动量相结合。训练时,按照不同的运动员的条件,要先加量,再加强度。

(五)统一安排与区别对待相结合的原则

在安排训练内容、采用何种教学方法、使用什么教学手段以及向运动员提出要求时,既要考虑到全队普遍存在的问题,又要照顾到个别运动员所要解决的问题。因此,根据运动员的不同特点,教学时既要有统一的安排,又要区别对待。教练员必须了解本队的训练水平,个人的技术、身体素质情况,采用不同的教学方案。

(六)全面技术训练与特长技术训练相结合的原则

根据世界乒乓球运动发展的规律,运动员要想取得优异的成绩,不仅要技术全面,而且要特长突出。

技术全面是指运动员在技术上没有明显的漏洞,能应付各种类型的打法,能根据不同性质的来球,灵活地运用相应的技术还击对手。进攻型运动员必须具备较强的相持能力,防守型运动员也必须具备较强的进攻能力。

技术特长是指运动员整个技术结构中发展水平最高的一部分技术,而运动员所具备的独特的克敌制胜的技术则是运动员的"绝招"。为了比赛的胜利,运动员的特长技术和绝招技术就显得尤其重要。

(七)训练和比赛相结合原则

运动员只有在比赛中才能将训练中存在的问题暴露出来,通过比赛将训练中已经掌握的技术加以巩固,再通过训练将所存在的问题加以解决。因此,训练和比赛是相辅相成的,只有将二者有机结合起来,才能更快地提高技术水平。当然也要注意比赛的次数要适度,初学者要少安排比赛,训练前期要以技术训练为主,而临近比赛期则应适当地增加比赛次数以增加战术训练的机会。

五、乒乓球运动中基本功概念

乒乓球运动员的基本功是指一名高水平的运动员所必须具备的基本技能和基本体能。正手快攻、反手推挡、正手提拉球等都属于基本功的范畴。

基本技能主要指技术的质量、善于变化的能力和对各种技术打法的适应能力。技术质量是指击球的准确性、速度、力量、旋转及落点的质量。善于变化能力是指速度、力量、旋转、节奏、落点等各方面在不同情况下做出相应变化的能力以及对对方不同性质来球的适应能力。

基本体能主要是指适合于从事乒乓球专项的身体素质,指乒乓球运动员要有较好的爆发力、敏锐的反应能力、良好的判断能力以及较好的专项耐力等。

随着乒乓球技术的不断发展,运动员要想掌握较全面的乒乓球技术,必须全面、正确地理解乒乓球运动基本功的概念和内容,并在实践中加以学习。

第二节 常见乒乓球技术的练习方法

一、多球练习法

多球练习法是将若干个球放在球台旁的一个筐或专门盛球的盆内,由一个练习伙伴或陪练者或发球机连续不断地向练习者供球,根据练习者所要练习的不同内容提供不同性能的练习内容,也可以由练习者连续自抛自练。等球全部用光后一起捡,这样可以大大减少捡球的时间,提高单位时间内的练习次数。对于初学者可以迅速掌握技术动作,对于高水平的运动员可以尽快解决一些难度较高的技术问题。由于多球练习的密度大,所以增强了练习的强度,有利于加强运动员的体力和意志品质的培养。

二、比赛练习法

比赛练习法是指通过各种各样的比赛,使运动员的技术、战术水平得到尽快提高的练习手段。有计划的、适当的比赛对加速提高技战术水平有良好的作用,但过多的比赛则会影响技术水平的提高。经常采用的比赛练习法有检查性比赛、擂台赛、专门性比赛及适应性比赛等。

(1)检查性比赛。在每次训练课结束之前抽出20~30分钟或定期安排一次训练课进行队内的比赛,要求在比赛中将最新所练内容或当天课堂的重点内容运用到比赛中去,并在赛后做小结,检查所练内容的学习掌握情况。

(2)擂台赛。在有些训练课中安排20~30分钟的时间进行多人次的接台比赛,以6分或11分为一局,负者下台,胜者当擂台主继续与下一个攻擂者比赛。

要求比赛气氛活泼、紧张、严肃、认真,运动员发扬每球必争的拼搏精神。

(3)专门性比赛。这种比赛方法主要是对各种专门性的单个技术、战术进行比赛的一种练习方法,如发球抢攻比赛、发球抢拉比赛、拉对削的比赛等,通过这些专门比赛来强调某个技术、战术的重点,以达到强化和提高的目的。

(4)适应性比赛。这种比赛是为了适应重大比赛而准备的模拟性比赛。安排这种比赛时要模拟重大比赛的次数、时间、地点以及有针对性的对手等,以加强实战练习的效果,并在赛后认真总结,找出的问题及时在训练中解决。

三、定指标练习法

定指标练习法是指在单位时间内要求练习者应该达到的指标数。例如,要求练习者在10分钟内完成正手对攻20个回合两次,在20分钟内完成两斜线对两直线10个回合两次。在做练习时要根据练习者的具体情况区别对待,如有时要求双方共同完成指标,而有时要求一方单独完成。这种方法可以使教练或者教师能及时了解队员或学生的技术情况,有利于加强某项技术的巩固提高,并能调动队员或学生的练习积极性,但要注意所定的指标要适量。

四、帮带练习法

帮带练习法是指借助技术水平和身体素质水平较高的运动员的帮助来提高水平较低运动员的练习方法。具体练习方法有以下几种。

(1)男帮女练习法。由于同一代运动员中男运动员无论在身体素质上,还是在技术、战术的掌握上,都会比女运动员水平高些。为了发扬集体主义精神,经常安排男队员帮助女队员练习,有助于女运动员的迅速提高。

(2)高带低练习法。在练习中请一些水平较高的运动员陪练,通过较高水平运动员的带动作用来有效地提高低水平运动员的技战术能力。

(3)模拟对手练习法。请一些与未来比赛中出现的对手打法相似的队员做模拟性练习,以提高对未来对手的适应程度,达到有针对性的训练目的。

五、初学者常用的练习方法

作为一个乒乓球初学者，首先应根据自己想要学的打法类型来选择和决定握拍的方法和球拍的种类。是直握拍还是横握拍？是正胶海绵拍还是反胶海绵拍？是以旋转为主的打法，还是以快攻为主的打法？等等。一旦选好握拍的方法和种类，以及所需要学的打法以后，就可以学习握拍法的技术了。然后开始学习打乒乓球的第一个练习——熟悉球性练习。为什么要做熟悉球性练习呢？因为初学者在打球时不是碰不到球，就是把球打飞，有一种找不着球的感觉，其主要原因是执拍手对手中的球拍以及对碰到拍上的球没有感觉，即没有任何球感，所以在上台正式练球之前首先要做一些简单的熟悉球性的练习以加快对所学技术的掌握速度。通常熟悉球性的练习方法有以下几种。

（一）自己托球法

用执拍手将拍执于胸腹间，用非执拍手将球轻轻抛起，等球下降至胸腹间时，将球向上垂直托起，使球弹至近头部高度，连续做重复动作，可以数着托球的次数，托球次数越多说明托球技术越熟练。然后变着花样托球，可以变化力量托球、变化速度托球、加上脚步移动的托球等。

（二）两人结合对击球或对墙击球的方法

两人将球你击给我，我击给你，连续传击球。一开始击球的方向、力量、速度、落点很难固定，随着球感的不断增强，慢慢减小跑动的范围，手控制球的能力增强，过渡到定点连续击传球。对墙击球是一个人面对墙站立，离墙大约1m，自己将球抛起后用执拍手中的球拍连续做对墙击球的练习。开始时球击到墙上的位置难以固定，球从墙上弹回后击球点也高低不同，随着击球次数的不断增多，击球技术的熟练性不断提高，慢慢过渡到定点定位击球。

（三）做击球游戏

首先，利用各种有趣的击球游戏，使练习者在游戏中击到不固定的球，以练习手上的击球感觉。例如，3~5人一组，做围绕球台跑动中击球的练习，这样增加了击球的难度,可以快速增强球感。

其次,初学者做模仿练习。无论是手法、步法还是手法和步法相结合的技术,在掌握这些技术的过程中,第一个任务就是要跟老师或书本做正确的模仿练习,初步建立起正确动作的条件反射,然后再逐渐过渡到实际球台上练习。在做模仿练习时先做徒手模仿,再做执拍的模仿;先做单个动作的模仿,再做结合动作的模仿;先做上下肢分开的单个动作模仿,再做结合步法的动作模仿。在做模仿动作时一定要注意动作的正确性、节奏性和协调性。

最后,上台做练习。刚刚打球时,很难打准球,这时千万不要着急,可以采用一些比较简单的台上练习方法。例如,自己将球抛到台上做击一板球的练习;陪练用手将球一个一个抛给主练做定点连续击球的练习;陪练用反手轻挡喂球,主练做连续击球练习;陪练用多球连续供给主练定点的球等。以上练习方法可以有效地帮助初学者快速掌握技术要领。

六、推挡技术教学与练习方法

推挡技术是乒乓球运动中最基本的技术之一,初学打球时,一般先从推挡技术学起。练习推挡技术首先做平挡练习,两人一组或自抛自挡做定点斜线轻力量、慢速度的平挡练习,稍微熟练后慢慢过渡到互推挡的练习。在做互推挡练习时一般先练反手斜线的互推挡练习,再练1/2台不定点的互推挡练习。

(一)推挡技术的教学步骤

教师在进行推挡技术教学时,应按照挡、推、快推、加力推、减力挡、推下旋、推挤、反手弹拨的技术顺序来进行教学与练习,这是一个由易到难的训练过程。推挡技术的训练方法有以下几种。

(1)做推挡球技术的徒手模仿练习。体会动作要点,掌握正确的推挡动作。

(2)个人对墙做反手连续挡球练习。

(3)两人一组在台上推挡练习,动作正确并能挡球过网即可,不限落点,不限速度,轻力量。

(4)两人一组在台上推挡斜线、直线和中路的练习,练习中逐渐加力,让练习者对手腕和前臂的推挡动作进行体会。

(5)两人一组由推挡练习过渡到推挡斜线练习,逐渐加快推挡速度,加大力量。

(6)两人一组,一人加力推、发力拨、反手弹打,另一人以轻力量推挡,二人轮换练习。

(7)两人一组进行发力推和弹拨的练习。

(8)两人一组,一人用均匀力量拉球,另一人在推挡中结合推挤练习并互换练习。

(二)推挡球技术的教学要点

(1)对于初学者,首先应对推挡球基本技术要领有一个准确的理解和正确的掌握。

(2)推挡练习中,强调肘关节贴近身体,在胸腹前确定击球点,以为前臂向前的发力提供合理的位置。

(3)推挡练习中,保持收腹含胸,两脚自然分开,两膝自然弯曲,身体重心在两腿之间。

(4)进行加力推、减力挡、推下旋、推挤练习时,注意寻找不同的击球点、引拍、挥拍、发力方向的正确。

(5)推挡球过程中,食指多发力,拇指多放松,注意控制手臂的前推动作幅度要适当,以免失去重心影响还原速度。

(6)在推拨技术练习中,注意通过移动身体重心的向前转动来帮助击球力量的增加。

(7)反手弹打时应适当提起并前顶肘关节,稍微向内收手腕。

(三)推挡球技术易犯错误与纠正方法

乒乓球推挡球技术教学中学生的易犯错误与纠正方法如下。

(1)推挡技术练习时,判断球的落点不准,拍形掌握不好。纠正方法:提高判断能力,加强手腕的灵活性和调节拍形的能力。

(2)推拨时,拍形角度前倾过大或过小,击球时间过早或过晚。纠正方法:加快步法的移动,迅速选好位置,有利于找准击球点并微调拍形角度。

(3)推挡击球时,抬上臂、抬肘。纠正方法:击球前,放松上臂并使肘关节靠近身体。

(4)加力推,手向前伸展不充分。纠正方法:击球时,上臂和肘关节前送,用腰的向前送加大上臂和肘关节前送的幅度。

七、正手攻球技术的教学与练习方法

正手攻球技术是乒乓球运动中最主要的基本技术之一,初学者在初步掌握了反手推挡之后就可以学习正手攻球技术了。在学习掌握正手攻球技术时,首先要搞清楚正手攻球技术动作要领,然后根据动作要领做徒手和执拍的反复模仿练习,再做上台的练习。在台上练习正手攻球的主要方法有以下几种。

(一)正手攻球的练习方法

1. 1/2台一推对一攻的练习

这种练习可以有三种具体的练习方法:左方1/2台一推对一攻的练习、右方1/2台一推对一攻的练习和对角线1/2台一推对一攻的练习。这三条线路中有两条是直线练习,一条是斜线练习。要求在练习中推挡的力量由轻到重,推挡的落点由定点到不定点,推挡的速度由慢到快,主要目的在于帮助练习对方正手攻球技术,使对方能够有机会在多次正确的击球练习中掌握正手攻球技术。

2. 正手对攻练习

这项练习主要用于初步掌握正手攻球技术之后的练习,也是对攻击型打法的主要练习方法之一。具体主要有三条线路对攻。

(1)正手斜线对攻练习(对角线1/2台对攻),分为定点练习和不定点练习。

(2)正手直线对攻练习(右方1/2台或左方1/2台的对攻练习),分定点和不定点练习。

(3)中路直线对攻练习。

(4)反手斜线对攻练习(左、右对角线对攻)。

(5)反手直线对攻练习(左、右方1/2台的对攻)。

在练习时一般应先练斜线,再练直线;先练定点对攻,再练不定点的对攻。

(二)正手攻球技术的教学要点

(1)在初学时,正手攻球技术学习首先要对攻球技术动作要领有一个正确理解,在此基础上反复练习和掌握。

(2)多做结合步法的攻球练习,并随着技术动作掌握程度的提高逐渐增多实战练习的频率,更快速有效地提高技术水平。

(3)在进行攻球练习时应遵守循序渐进的练习方法,逐渐有序地掌握技术。比如速度由慢打到快打,力量由轻到重,回合先求数量后求质量等,遵循先易后难的练习原则。

(4)对于重点、难点技术进行大强度多重复的练习。

(三)正手攻球技术易犯错误与纠正方法

乒乓球攻球技术教学中学生的易犯错误与纠正方法具体如下。

(1)正手攻球时,手腕下垂或上挑,使球拍与前臂形成过于向下或向上的夹角,造成整个持拍手臂肌肉紧张,动作僵硬不协调,不利于发力等问题。纠正方法:握拍不宜过紧,手腕放松,调整拍面角度,反复做徒手模仿练习。

(2)正手攻球时,抬肘、抬大臂、抬肩。纠正方法:放松放低大臂,肘关节下垂,做模仿练习或台上练习时用另一只手放在执拍手的肘关节处做固定练习。

(3)判断球的落点不准,引拍动作不到位。纠正方法:先做攻一板球的练习,再做连续攻球的练习。

(4)击球后忘记还原。纠正方法:用多球训练法改进技术动作。

八、搓球技术的教学与练习方法

搓球技术是乒乓球运动基本技术之一,是各种类型打法中不可缺少的一项基本功技术。在学习和掌握这项技术时,首先要掌握其动作要点,然后做徒手和执拍的模仿练习,再过渡到台上的练习。在进行搓球技术教学时,教学顺序上应按照慢搓、快搓、摆短、搓长的顺序来进行教学。

(一)搓球的主要练习方法

(1)反手斜线的对搓练习(左方 1/2 台对角线对搓)。

(2)正手斜线对搓练习(右方 1/2 台对角线练习)。

(3)全台不定点对搓练习。

(4)直线对搓练习(一人用反手,一人用正手在右方直线或左方直线对搓练习)。

对搓练习时要注意对搓的速度由慢至快,即由慢搓过渡到快搓,力量由轻到重,对搓的落点由定点过渡到不定点,先练斜线对搓,再练直线对搓,最后练习不定点对搓。

(二)搓球技术的教学步骤

(1)徒手搓球模仿练习,用球拍练习摩擦球,体会手腕的抖腕用力。

(2)自己用非执拍手将球抛向球台,弹起后做正手(反手)搓球过网练习。

(3)一人发下旋球,另一人用正(反)手做慢(快)搓球的练习。

(4)两人对搓练习(正手、反手)。

(5)一人做反手慢(快)搓,一人做搓长或摆短练习(正手、反手)。

(6)固定线路的正反手结合搓球练习。

(7)用正手(反手)搓转与不转球练习。

(8)搓球起板进攻拉打练习。

(三)搓球技术的教学要点

(1)初学搓球技术时,要对搓球的技术要领有准确的理解和掌握,以免练"歪"动作。

(2)正手和反手搓球技术有所不同,正手搓球肘关节离身体要近一些,反手搓球肘关节与身体的距离要稍远一些;正手搓球的引板位置在身体右侧的前方去触球。

(3)搓不转球时,球拍尽量多撞击球,少摩擦球;搓转球时,球拍从后上向前下多用摩擦力击球。

(4)搓球多用前臂和手腕的力量控制整个动作。

(四)搓球技术易犯错误与纠正方法

在乒乓球搓球技术教学中学生易犯错误与纠正方法有以下几点。

(1)没有向上引拍动作,击球时前臂过于向前伸,没有向前下方的摩擦动作。纠正方法:反复进行前臂和手腕先向上引拍再向下切搓的挥拍模仿练习。

(2)搓球时,拍面后仰角度不够。纠正方法:练习用慢搓回接对方发来的下旋球,体会拍面由后仰向前下切搓摩擦球的球感。

(3)搓球时,找不准击球点。球拍与球接触的部位不对,没击到球的中下部。纠正方法:做慢搓练习时,强调在下降期击球中下部的动作。

(4)搓球动作完成后前送不够。纠正方法:两人做慢搓练习时有意识地做击球后手臂前送动作。

九、提拉球和削球技术的教学与练习方法

提拉球技术和削球技术是乒乓球运动中进攻型打法和削球型打法中两种主要技术。对于进攻型打法的运动员,在学习和掌握提拉球技术时,首先要掌握正确的技术要领,然后做徒手的和执拍的多次模仿练习,最后再过渡到台上练习。对于削攻型打法的运动员,削球是其主要技术之一,在学习削球技术之前,必须以搓球技术为基础。

(一)主要的练习方法

(1)正手拉斜线对对方正手削球练习(右方斜线和左方斜线),包括定点和不定点的练习。

(2)拉直线对对方反手削或正手削练习(右方直线和左方直线练习),包括定点和不定点练习。

(3)正反手拉中路对对方正反手削球练习。

在练习提拉球和削球时仍然要遵循由易到难、循序渐进的原则,即由定点到不定点、由斜线到直线、由单线到复线、力量由轻到重。初学者还要注意连续击

球次数,使练习者在连续多次正确击球中掌握和巩固所练内容。

(二)削球技术的教学步骤

教师在进行削球技术教学中,一般应按照中台正反手削球、远台正反手削球、削挡结合、削中反攻的顺序来进行。具体步骤如下。

(1)削球模仿动作的练习。

(2)用正手(反手)削球接发球。

(3)削对方拉球,用正手(反手)连续削球。

(4)正手(反手)削斜线(直线)球。

(5)正反手结合削对方定点。

(6)削两大角度练习。一人拉球,另一人反手向对方左角或右角削球。

(7)连续削逼左角后结合突然变线给右角。

(8)削转与不转球。一人连续拉球,另一人用外形相似动作削转与不转球(正手或反手)。

(9)一人结合放短球拉中扣杀,另一人进行削中上步接短球的练习。

(10)削中反攻练习。

(11)削、推结合练习。

(三)削球技术的教学注意事项

(1)削球时切忌拍面角度过分后仰或垂直,以免导致球不过网的现象。

(2)削球时向上引拍高度不够,会影响击球的下旋力,或易出界。

(3)削球时,应注意使手臂、腰、腹、腿的力量整体协调用力。

(4)削转球时,应谨慎调整手腕的发力,随着前臂的挥动方向而顺势调整腕力的大小。

(四)削球技术易犯错误与纠正方法

(1)拍型角度过于后仰。纠正方法:做回削上旋球的练习,可使用多球喂上旋球,使拍面稍竖一些把球削回。

(2)引拍不够高。纠正方法:做引拍动作模仿练习,连续将球拍引至高位,再向下挥拍削球。

（3）向下挥拍削击球时，前送用力过大。纠正方法：用多球训练，体会接对方重板发力球时前臂下压的动作。

（4）削击球后，上臂前送动作不到位。纠正方法：可用多球练习远削技术，体会上臂多向前送动作。

十、左推右攻技术的练习方法

左推右攻技术是结合技术中最基本的技术内容之一。无论是攻击型运动员还是防守型运动员都应该较好地掌握这项技术。它主要是运用正确快速的脚步移动将正手攻球和反手推挡结合运用的一种技术方法，所以快速的步法移动和手法的协调配合显得比较重要。练习时做结合步法的左推右攻徒手模仿练习是不可缺少的第一个练习。在台上的主要练习方法有以下几种。

（1）一方站在左方1/2台用反手推挡给对方左推右攻练习。

（2）一方站在右方1/2台用正手攻球给对方左推右攻练习。

（3）两斜对两直的练习，即一方左推斜线，右攻斜线对对方的左推直线，右攻直线的练习。即两个人同时练习左推右攻的技术，其难度较前两个练习大些。

在做此练习时先做单方的左推右攻练习，再做两斜对两直的练习；先做小范围的练习，再做大角度的练习；先做较慢速度、小力量的练习，再做较快速度、加大力量的练习。

十一、推挡侧身攻技术的练习方法

推挡侧身攻是乒乓球运动中基本结合技术之一，也是进攻型打法的一项主要基本技术。它是利用侧身步在对推中突然变为正手攻球的一种技术。它的主要练习方法有以下几种。

（1）双方对推中一方有规律地进行侧身攻练习，是指一方连续推两板或三板等规定好的击球次数后必须侧身连续攻的一种方法。

（2）双方在对推中一方有规律地侧身攻，然后再变为推挡再侧身攻的重复练习。

(3)双方在对推中一方无规律地做侧身攻练习。根据自己的情况,在适合侧身的时候做侧身攻练习。侧身后可以加力攻,也可以连续进攻,也可以再重复推挡侧身攻的练习。

(4)双方可以同时做侧身后连续进攻的练习。

(5)双方可以做依次交替的侧身后连续进攻的练习,即一方侧身攻结束后另一方做侧身攻练习,在做练习时由有规律到无规律,步法要正确、迅速。

十二、推挡侧身扑攻技术的练习方法

推挡侧身扑攻是在推挡侧身攻的基础上加大技术难度的一种组合技术,它的主要练习方法有以下几种。

(1)在对推中一方有规律地进行推挡侧扑的练习,即一方在指定的推挡侧身攻击球数次后,推挡一方给侧身攻一方右角变线,侧身攻方扑正手打对方反手的练习。然后再重复以上练习。

(2)有规律地做扑攻变线的练习,即一方做完推挡侧身攻后扑正手变对方正手,对方正手打回头侧身方反手位,再做推挡侧身后扑正手,对方再打回头侧身方反手位的过程。

(3)在反手对推中,一方侧身攻对方的右方,对方用正手打回头至本方右角,本方做扑正手攻的练习。

(4)在反手对推中,一方侧身攻后扑正手打对方全台,力争一板打死的扑攻练习。

在做这项练习时强调步法的重要性和对方的密切配合精神。

十三、削中反攻技术的练习方法

削中反攻技术是削攻型打法技术中的一项主要技术,其主要练习方法有以下几种。

(1)正反手削中反攻斜线练习。

(2)正反手削中反攻直线练习。

(3)反手削中侧身反攻斜线和直线练习。

(4)正反手削中反攻全台练习。
(5)反手削中侧身反攻全台练习。
在做削中反攻练习时要有突然性,要有连续性的意识和能力。

十四、搓中突击技术的练习方法

搓中突击技术是各种打法类型中都应该掌握的一项基本技术,它是在对搓中突然对对方进行攻击,以争取主动的一项技术。其主要练习方法有以下几种。

(1)定点对搓中突击对方定点的练习。
(2)定点对搓中突击对方不定点的练习。
(3)不定点对搓中突击对方定点的练习。
(4)不定点对搓中突击对方全台的练习。
(5)搓中突击的计分比赛。

在做此练习时要注意由搓变攻的技术转换,在突击时要有较大的力量和速度,另外要强调提高命中率。

十五、发球技术的教学与练习方法

发球是乒乓球运动中最主要也是最基本的技术之一。无论水平高低,无论哪种打法都与发球技术密不可分,发球技术的好差将直接影响着下一板的发挥。

(一)练习发球技术的基本方法

(1)一方利用多球做一种动作发速度、落点、旋转都相同的球;另一方专门练习这种球的回接。
(2)一方用多球做一种动作发一种球或两种以上不同性质的球;另一方可以用不同的回球方法回接,以练习和提高对各种球的回接能力。
(3)自己用多球专门练习各种发球技术。
(4)利用各种计分比赛专门练习发球技术。

在练习发球时最好先练习一种发球,再练习好一套发球,在此基础上再学练一种新发球。

(二)发球技术的教学步骤

教师在进行发球技术教学时,应按照平击发球、发奔球、发转与不转球、发左(右)侧上(下)旋球、反手发各种旋转球的教学顺序进行教学。

(1)徒手模仿发球动作的练习(适合初级阶段)。

(2)利用多球做发球练习(适合初级阶段)。

(3)先练斜线、后练直线的发球练习,先练习定点发球、后练习不定点发球的顺序进行(适合初级阶段)。

(4)做各种不同旋转性能的球的发球练习(适合初中级阶段)。

(5)用同一种发球动作发不同旋转和落点的球的练习(适合中级阶段)。

(三)发球技术的教学要点

(1)初学发球基本技术动作时,首先应掌握各种发球技术的正确技术要领,以防止动作练"偏"。

(2)有意识培养主动攻击性发球意识。

(3)有意识进行配套发球教学与练习。

(4)做发球后结合抢攻的练习。

(5)有针对性地发球练习(如发针对中路追身的侧旋球等)。

(6)有意识练习发各种不同线路、不同落点、不同旋转的球。

(四)发球技术易犯错误与纠正方法

(1)不按规则发球。纠正方法:学习规则,严格按照规则要求进行练习。

(2)找不准击球点。纠正方法:明确击球点的位置,反复进行正确的模仿找击球点练习。

(3)发球时拍面角度找不准致使发球的触拍部位不对。纠正方法:弄清各种发球的拍形角度和触拍部位,反复进行练习,加强手腕灵活性,体会手腕用力。

(4)找不准第一落点。纠正方法:弄清楚第一落点的正确位置、正确击球点,以及正确的拍面角度。

十六、接发球技术的教学与练习方法

一般在进行接发球技术教学时,应按照平挡接发球、快推接发球、慢搓接发球、快搓接发球、摆短接发球、挑打接发球、抢拉接发球、侧身拉接发球的技术顺序进行教学与练习。

(一)接发球技术的教学步骤

(1)平挡回接平击发球。
(2)慢搓回接下旋发球。
(3)用反手快搓回接下旋发球。
(4)用推来回接侧上旋球。
(5)用反手推来接对方发来的侧下、上旋球。
(6)用摆短、挑打技术回接近网发球。
(7)用抢攻或抢拉技术接各种发球。

通常情况下,接发球教学应与发球教学结合起来。教师在教学过程中,一般先进行简单的旋转、落点和线路、固定的发球与接发球教学,然后逐渐过渡到较为复杂的发球和接发球教学。到中级水平阶段,有时会针对比赛要求和比赛对手的发球特点进行有针对性的专门教学与训练。

(二)接发球技术的教学要点

(1)站位。要接好对方的发球,通常要针对对方发球的线路来确定自己准备接发球的站位,结合自己的打法类型来调整接发球站位离球台的距离。一般来说,大多数打法类型距球台 30~60cm 比较适宜,这样可以照顾到球台各个方位的来球。

(2)仔细判断来球性质。仔细对对方的发球进行观察与识别是接好发球的关键。接发球时,一定要集中注意力关注对方发球时的挥拍方向和球拍触击球时的转动方向。通常而言,对方发直线球时,前臂和手腕主要多向前挥拍用力;发斜线球时,前臂和手腕主要多向斜前方用力;发短球时,前臂和手腕的动作幅度较小;发长球时,手臂的动作幅度较大。此外,还应对来球落点的变化认真观察,采取迅速合理的步法移动找到合理的击球位置而做出回接球的动作反应。接对方发旋转球时,仔细观察球拍与球接触的瞬间球拍的转动方向,根据来球的飞行弧线和速度判断来球的旋转性质。来球弧线低、速度慢,落台后前冲力比较小,通常是下旋球,应用搓球或者提拉球技术回接。相反的方向通常是上旋或不转球,这时可以直接采用攻、拉、打、推等进攻技术回接即可。

(三)接发球技术易犯错误与纠正方法

(1)接发球时步法起动过早。纠正方法:提高判断来球的意识,及时判断清楚来球的性质,不慌乱。平时多在比赛中加强对来球的观察和判断力练习。

(2)接发球时步法移动不到位。纠正方法:加强判断能力和脚步灵活性练习,结合步法移动的挥拍模仿练习,快速移动步法的各种击球练习。

(3)接发球时手法与步法配合不协调。纠正方法:做有规律的定点或固定线路练习,要求全身动作协调配合,腿、腰、手臂协调用力。

(4)接发球后还原不及时。纠正方法:快节奏连续挥拍模仿练习;用多球练习接发球后连续结合下一板的击球练习,如接发球结合左推右攻的组合练习等,加快连续击球的节奏。

十七、发球抢攻技术的练习方法

发球抢攻技术是进攻型打法的主要技术之一,也是比赛中主要得分手段之一。在练习发球抢攻技术时有以下几种方法。

(1)一方发球后,另一方将球接到本方固定抢攻的位置上,本方专门练习这一点的抢攻技术,抢攻时先抢单线定点,再抢对方全台。

(2)一方发球后,对方将球接回本方不固定的位置上,本方抢攻对方的定点和不定点、不定线的练习。

(3)利用发球做各种相同性质和不相同性质的发球抢攻练习。

(4)利用各种小计分比赛专门做发球抢攻的比赛练习。

值得强调的是,要想抢攻好,必须有一套过硬的、有特色的发球技术。

十八、乒乓球运动常用的变换路线练习法

(一)单线定点练习法

主要用于初学者在初步掌握某一单个技术动作时或者运动员为了巩固和改进某一单个技术所采用的方法。其训练方法是按照规定的单一路线进行单一技术的重复练习,也包括两个或两个以上的单一技术组合练习。例如,右方斜线对攻练习、左方斜线对推挡练习、右方斜线的拉中突击练习等。

(二)复线变化落点练习法

其主要作用是巩固和提高结合技术的技能,提高步法的灵活性和控制球的能力。它是一种有规律或者无规律变化落点的练习方法。具体练习方法有以下几种。

(1)一点打两点练习法(两点打一点练习法)。一方用反手推挡或正手攻球有规律地给对方一左一右两点的练习。

(2)一点打三点练习法(三点打一点)。一方用反手推挡或正手攻球有规律地给对方左中右三点的练习。

(3)两点对两点练习法(两斜对两直)。双方逢斜变直、逢直变斜的练习。

(三)全台不定点练习法

这种练习法没有落点和路线的规定,是模拟实战情景的一种练习方法。

十九、弧圈球技术的教学与练习方法

教师在进行弧圈球技术教学时,应按照先学习正(反)手拉加转弧圈再学习正(反)手拉前冲弧圈的顺序进行。

(一)拉弧圈球技术的教学步骤

(1)先徒手模仿正手(反手)拉弧圈球的技术动作练习。

(2)在拉弧圈球的基础上学习拉加转弧圈球的技术动作并做练习。重点体

会击球时摩擦和撞击球的手上感觉及拍形、击球部位的手感。

(3)一人推挡或用正手轻带固定线路,另一人用正手(反手)连续进行拉加转弧圈球或前冲弧圈球的练习。

(4)两人一组进行一搓一拉的练习。

(5)一人削球,另一人进行正手(反手)连续拉加转或前冲弧圈球的练习。

(6)两人对拉弧圈球技术的练习,难度较大。

(7)结合其技术(搓球、接发球等)练习正手(反手)拉弧圈球技术。

(二)弧圈球技术的教学要点

(1)初学弧圈球基本技术动作时,应对弧圈球基本技术要领有准确的理解和初步掌握,以保证动作正确而不走偏。

(2)击球前,微调拍面角度,以避免拉空或出界现象的频繁产生。

(3)在击球刹那间集中使用手腕、上臂、腰、腿等部位的力量,使其集中于手腕发出摩擦球的力量增加。拉完球后,迅速放松手臂,及时还原并为下一次击球做好准备。

(4)做弧圈球练习时,特别强调肩部和腰部的准备活动要充分,以免发生运动损伤。

(三)弧圈球技术易犯错误与纠正方法

(1)引拍动作不够大,重心较高。纠正方法:模仿挥拍练习,注意引拍时要降低重心。

(2)拉球时摩擦力不够,撞击力太大。纠正方法:在回拉下旋发球或削球中改进动作,体会手腕的摩擦用力。

(3)拉弧圈球时,拍形不稳定,球拍与球接触的部位不对。纠正方法:多用接发球或多球训练方法改进动作。

(4)拉弧圈球时,不会判断来球线路造成被动。纠正方法:利用多球训练法加强对来球的判断能力并改进动作。

第三节 乒乓球专项身体素质训练

一、乒乓球运动中专项身体素质的种类

(一)专项速度和灵敏速度

根据乒乓球运动项目本身球小、速度快、活动范围小等特点,在运动员比赛和练习中要求判断快、反应快、启动快、摆臂快、移动快、动作快和方向变化快,也只有这样才能应对快速而复杂多变的比赛。所以要求运动员具有良好的专项速度和灵敏速度。

所谓乒乓球专项速度是指非周期性的单个动作速度,即击球时的摆臂速度和为了取得合适的击球位置而移动身体的速度,它与其他项目中的速度有明显不同。就某项技术的手法和步法的协调配合来看,它虽有一定的规律,但在实际运用中由于来球速度、落点和旋转多变,它又是无固定规律的。打乒乓球时,在快速单个的动作之后,肌肉既可得到放松和保持短暂的间歇,又能持续较长的时间而不易疲劳。

乒乓球运动所需要的灵敏速度是指临场比赛时随机应变的能力,即快速反应能力。乒乓球在空中飞行的时间一般只有0.3~0.5s,运动员必须在这一瞬间对来球的速度、落点、旋转等一系列问题迅速做出判断并决定回球的方法。这就需要有良好的随机应变能力。

乒乓球运动项目的本身特点决定了乒乓球专项速度和灵敏速度的重要性。良好的专项速度和灵敏素质能促使乒乓球水平的提高,而随着技术水平的提高,又能较好地提升人体的专项速度和灵敏素质。

(二)爆发力

爆发力是一种速度力量,是属于动力性力量。根据动力学定律,力等于质量与加速度的乘积($F=ma$)。因此在质量一定的情况下,物体的运动加速度对于快速力量或爆发力会起重要作用。乒乓球比赛中运动员的手臂和球拍质量是一

定的,要表现较大的爆发力,就要提高摆臂的加速度。爆发力包括力量和速度两个因素(爆发力＝力量×速度),而不同的项目有不同的侧重方面,打乒乓球则更应该加强速度。

(三)专项耐力

乒乓球运动所需的耐力是一种强度经常处于变化中,并与速度和灵敏度紧密结合的专门性耐久力。在大型乒乓球比赛中,比赛往往持续9~10天,而越往后比赛越激烈紧张。如果运动员耐久力不好,比赛后期会降低击球质量而影响成绩,所以发展专项耐力,也是乒乓球运动的特点所决定的。

(四)力量速度

力量是乒乓球运动员的主要素质之一,力量提高能促进速度、灵敏度和耐力的提高,所以力量是基础。

二、常用的速度与灵敏度素质的练习方法

(一)一般速度与灵敏度的练习方法

其练习方法主要有快速变换方向跑,各种姿势的突然性起跑,运动跑(篮球、足球),篮球、足球小场地比赛,跳绳[双脚跳、抬腿跳(计1分钟)],加速跑,折回跑,变速跑,跑台阶,小步跑转加速跑,迎面接力跑及蛇形跑等。

(二)专项速度与灵敏度的练习方法

推挡—跑步—侧身攻徒手练习,30秒一组,间隔1分钟,每次3组。
推挡—侧身攻—扑正手徒手练习,练习时间和次数同上。
单项侧身并步抢攻,30次一组,每次可做2组。
交叉步(2.5m),30秒一组计数,每次可做5组。1分钟内看手势做变换接球位置或姿势练习,可做3~5组。持铁拍做快速摆臂练习(攻球动作),20秒一组,可做8~10组。

三、常用的力量练习方法

（一）上肢力量练习

主要有引体向上、俯卧撑、双杠臂屈伸、持哑铃做腕屈伸、手腕绕环、前臂弯举、双臂上举、双臂侧举等练习；手持铁拍做各种单个击球动作模仿练习；手持铁拍做各种组合动作模仿练习，拉台内球—快攻—抢攻—拉球—挡球，正手快点台内球—反手推挡—侧身攻—扑右方正手攻—反手攻，反手搓—正手拉—杀高球等练习。

（二）下肢力量练习

主要有单足跳、双足跳、蹲跳、跑台阶、负重半蹲跳，以及各种步法移动练习。

（三）腰腹力量练习

主要有仰卧起坐、仰卧举腿、仰卧两头起、肋木悬垂举腿、坐姿头上双手传球，以及坐姿转体传球等。

在做力量练习时应遵循循序渐进的原则，练习次数由少到多，用力由小到大。做动作要有一定的速度变化。

四、常用的耐力练习方法

耐力练习方法主要有1000m、1500m、3000m、800m跑，50m加速跑加50m慢跑，30m加速跑加50m慢跑，做持续3分钟的各种步法练习，3分钟跳绳练习，持续1分钟立卧撑的间歇循环练习，仰卧两手抱头起坐，连续间歇多组练习。做耐力练习一般在各种身体素质练习之后进行。耐力训练的注意事项主要包括以下几点。

（1）训练与饮食之间间隔应在30分钟以上，训练前饮食不宜过饱，以免运动中增加肠胃负担。

（2）耐力训练前的热身运动应持续20分钟以上，应充分提高体温和内脏功能的稳定性和适应性，逐渐提高自主神经系统的兴奋性。

(3)耐力训练中应当注意做到运动姿势和呼吸方式的正确性,以最大程度地提高训练效果和节约能量的消耗。

(4)耐力训练结束后应做至少15分钟的放松运动,尽快消除疲劳,加速恢复肌体状态。

五、柔韧素质

柔韧素质通常指人体各关节的活动幅度,肌肉、韧带的伸展性和弹性。乒乓球运动员的肩、颈、腰、肘、腕、踝、膝等部位的柔韧性尤其重要,良好的柔韧素质对防止运动损伤,提高乒乓球动作的灵敏性、整体技术的协调性等有着重要的作用。因此,乒乓球运动员的柔韧素质训练不可缺少。

(一)柔韧练习的基本内容

(1)背部肌肉拉伸练习。

(2)肩、颈、腰、肘、腕、踝、膝等各关节部位拉伸练习。

(3)大腿后部肌肉群及韧带拉伸练习,具体方法有正压腿、侧压腿、后压腿、前压腿、仆步压腿及弓步压腿等。

(二)柔韧练习的注意事项

(1)遵循循序渐进原则。动作幅度由小到大,由小关节到大关节,由小肌肉群到大肌肉群的活动顺序进行练习。

(2)肌肉拉伸过程中如有强烈紧绷感或疼痛感时应立即停止练习,以免拉伤。

(3)避免因动作幅度过大、扭转过猛而产生的关节、韧带、肌肉等软组织损伤。

六、乒乓球专项素质练习需要注意的两个关系

(一)要利用各专项素质之间的相互促进关系,避免互相制约

人的各种身体素质是互相联系、互相制约的,在训练的不同时期所表现的特点有所不同。相关实验表明,在初级水平阶段,任何一种身体素质水平的提高,大都能促进其他身体素质水平的提高,这就是它们之间互相联系的。这种现象被认为是建立条件反射过程中所形成的暂时联系出现泛化现象,所以各项素质都得到普遍发展。当条件反射巩固后,即到了较高水平阶段,神经系统和各器官系统的机能和生化变化都得到了精确的分化,因此身体素质根据练习的性质表现出了专门化发展。在这种情况下如果练习不当,就会出现某项素质的提高制约另一项素质提高的现象,这就是各项素质之间的相互制约关系。为了更好地利用各项素质间的促进关系,避免相互制约,在做素质练习时要注意以下几点。

(1)在进行速度练习前可以适当进行一些强度稍大的短跑,或强度稍大的上肢动作,以提高神经过程的兴奋度,使训练取得较好的效果。

(2)在进行速度练习后,可以进行弹跳力的练习,这两种练习有利于使中枢神经系统的机能协调起来,能促进两项素质得到提高。

(3)在耐力练习后,要及时做些快跑或快频率动作,以防止速度素质的下降。

(4)灵活性、协调性的练习,最好安排在运动员精力充沛时进行。因为这时中枢神经的兴奋与抑制过程比较强而均衡,准确性高,有利于发展灵活性、协调性。

(二)要注意训练量和训练强度的关系

一般情况下,在加大运动强度时要适当减少运动量;在加大运动量时,要适当掌握好运动强度,以免过度疲劳导致受伤。同时要注意量和强度的增加要遵守循序渐进的原则。

第四节 乒乓球运动中常见损伤及预防治疗

本节就乒乓球运动中易出现的运动损伤及防治措施进行阐述,使人们对乒乓球运动损伤及防治有一个全面的了解。

一、常见运动损伤及治疗

(一)腕关节软组织损伤

(1)病因。根据腕关节的解剖特点,由八块形状不一的小骨头组成人的手腕部分,因其小骨头多而有利于做出各种灵活的手腕动作。乒乓球的发球技术种类繁多,各种旋转球变幻莫测,靠的正是手腕动作的灵活运用而制造出各种高水平的发球技术,但这也是腕部容易造成损伤的主要原因之一。手腕部分本身的活动幅度并不大,击球时,必须靠整个手臂发挥其速度杠杆的作用,手臂协同手腕迅速做出内旋外展动作,长期大强度的腕关节动作很容易导致运动损伤或劳损。

(2)症状表现。腕部疼痛、乏力,活动受限,有压痛感,有时候会发生肿胀。

(3)预防措施。训练前充分做好腕部准备活动,养成使用护腕的习惯,减少局部动作的练习量。轻度损伤在24小时后可进行热敷和按摩,损伤较重时应在医生指导下进行治疗。

(二)肘部损伤

(1)病因。通常会由于肘关节滑液囊或肌腱附着点损伤,出现部分肌纤维撕裂,局部出血或撕裂后产生粘连引起伤痛。

(2)症状表现。损伤后感觉患肘肿胀、跳痛,无明显外伤史;患肢握拳旋转或拧毛巾时明显疼痛加剧,握力减弱,手持物品时会在无意中滑落。

(3)预防措施。加强手腕手臂的力量练习和柔韧练习。合理安排运动强度,锻炼前要充分做好准备活动,经常做手臂和手腕的内旋、外旋等练习,练习结束后坚持做放松练习,选择适合自身的球拍。早期症状轻微时,及时按摩、理疗;症状较重时可采用推拿、针灸疗法、中草药外敷法等方法治疗。

(三)肩关节损伤

(1)病因。练习中因肩关节运动强度过大、过猛、过量,活动幅度超出正常范围,韧带和软组织受到反复牵拉与摩擦而引起的损伤。

(2)症状表现。肩周及外侧疼痛感明显,并向着颈部、上臂部放射,肩部外展时疼痛明显,做由外向内旋转的鞭打动作、扣杀动作时,疼痛会明显加重。

(3)预防措施。练习前认真做好准备活动,注意劳逸结合,减少单一动作的练习时间和运动量,加强肩、上肢及胸部肌肉力量的锻炼,按照正确的技术动作要点练习。肩关节一旦损伤后,应停止运动,并及时冷敷,24小时后可用按摩、理疗、针灸、中药外敷等方法治疗。

(四)腰部损伤

(1)病因。乒乓球运动中随着大量的挥拍动作,腰部的转动动作频繁而迅猛,棘间韧带离旋转中心轴较远,受到的扭转力较大,因此很容易受到损伤;随着腰椎在运动过程中前屈后伸,棘间隙也会随之增大或缩小,不断牵拉或挤压棘间韧带,引发韧带蜕变及腰部酸痛、胀痛等症状。也有练习者运动后不注意放松,过度疲劳而引起劳损。

(2)症状表现。轻伤者当时无痛感,运动后或次日起床后才感到疼痛。损伤在骶髂部,疼痛可放射到大腿内侧或小腿外侧,腰部及伤侧下肢活动功能受限。

(3)预防措施。运动前充分做好准备活动,加强肌肉力量和协调性练习。练习时集中精力,及时纠正技术动作上的缺点和错误。加强腰部力量和韧带的练习,合理安排运动量,损伤较轻时,先减少或停止活动,1~2天后可进行按摩、拔罐、远红外线照射、贴药背等方法治疗;损伤严重时,应卧床休息,在医生指导下系统治疗。

(五)膝关节损伤

(1)病因。打乒乓球时,膝关节大部分时间处于半屈膝状态,关节周围韧带处于紧张和牵拉状态,随着迅速的扭转与牵拉动作的转换,很容易造成膝关节内外两侧副韧带的损伤。

(2)症状表现。膝关节活动时,有痛感,出现少量积液且肿胀,严重时会影响行走。

(3)预防措施。练习前要认真做好准备活动,加强肌肉的力量和协调性;疲劳时避免剧烈的运动或减少运动量和动作难度;加强下肢肌肉力量练习,提高关节的稳定性和灵活性;急性期有炎症,应消炎、镇痛;慢性期可采用按摩、理疗、中药外敷等措施,必要时应进行手术治疗。

(六)踝关节扭伤

(1)病因。由于外侧踝韧带比内侧踝韧带长,内侧副韧带比外侧副韧带结实,因此踝关节在内翻活动时易引起外侧副韧带的损伤甚至断裂。

(2)症状表现。伤足无法活动或不敢着地,外踝明显肿胀,疼痛及压痛,皮肤可因皮下出血而变为青紫色。

(3)预防措施。运动前充分做好热身活动,选择防滑底运动鞋。平时加强下肢及踝部肌肉力量练习,加强关节的稳定性和灵活性训练。一旦受伤,立刻用冷水冲,抬高伤肢,减轻肿胀。或者进行适当包扎,尽量止血防肿;一天后可松开包扎,两天后可进行按摩、热敷等物理治疗和功能恢复性练习。

二、乒乓球运动中造成损伤的原因

(一)思想上麻痹大意

参加运动者缺少预防知识和对运动损伤的意义认识不足,运动前的热身活动不足或不合理,从而导致运动中损伤。

(二)打球动作技术不正确,强打硬扯

错误的技术动作,违背了人体生理结构特点及运动生物力学原理,容易导致损伤。

(三)低运动水平运动者做高水平动作

低水平练习者在试图完成高水平动作时,因受到自身技术水平限制而容易受伤。这也违背了循序渐进的练习原则。

(四)过大的运动负荷

运动时运动负荷超过了练习者可以承受的生理范围,或者局部负担过大,容易引起损伤或运动劳损。

(五)场地器材存在安全隐患

运动场地不够平整和地面太滑、选择球拍的重量与自身状况不合适,以及运动着装和运动鞋不合适等都会引起运动损伤。

三、乒乓球运动损伤的预防

(1)加强思想教育,树立安全意识,克服麻痹思想,掌握预防运动损伤知识。

(2)重视并认真做好准备活动,合理选择准备活动内容,提高中枢神经系统的兴奋性,加强各器官系统间的协调活动,克服肌体惰性,提高运动能力并保持准备活动与正式运动的内容连续性。

(3)运用正确的技术动作练习,认真研究技术动作的规范性,了解动作要点,了解人体生理结构特点及运动生物力学原理。

(4)练习前注意观察了解周围环境,特别是场地情况,做到心中有数。穿符合体育运动要求的服装进行运动。

(5)合理安排运动负荷,练习者要根据自身的实际情况和技术水平,合理安排练习内容。运动量由小到大,难度由易到难,逐渐增加。

(6)加强自我和医务监督,仔细了解体会练习后的主观感受,定期进行体检,感受训练前后的身体变化。及时调整运动量,做到科学训练。

思考题

1. 乒乓球教学原则有哪些?
2. 乒乓球运动中有多少种基本功技术?
3. 发球和接发球的练习方法有哪些?
4. 乒乓球运动中有哪些专项身体素质?
5. 乒乓球运动中常见的运动损伤有哪些?

第八章　乒乓球运动竞赛的组织编排

乒乓球竞赛是用一套科学系统的编排方法把各种比赛有序地编排出一个比赛日程，根据国际乒联制定的最新竞赛规则，在竞赛组织委员会的专业而精心组织安排下，完成一次乒乓球竞赛活动。本章将系统详细地介绍乒乓球运动竞赛的组织编排与规则知识。

教学比赛中，会涉及比赛规则、团队组合、战略战术、诚实守信、公平公正、正当竞争等实践内容，是培养学生道德品质和政治素养的极好课堂。

第一节　组织与编排

一、乒乓球比赛的项目和比赛办法

乒乓球比赛的项目可分为团体比赛和单项比赛两大类。团体比赛包括男子团体、女子团体；单项比赛包括男子单打、女子单打、男子双打、女子双打和混合双打。

两类比赛主要有循环制和淘汰制两种比赛方法，有时也把两种比赛方法结合起来使用。比如，单打第一阶段采用分组单循环赛，第二阶段由小组的第一名进行单淘汰赛。

二、乒乓球的循环制比赛法

循环赛是乒乓球比赛的一种基本比赛方法。所谓循环赛，就是使参加比赛的各方互相之间都直接比赛一次，又称为单循环赛。采用重复比赛两个循环，即参加比赛的各方互相之间都直接对抗两次的称为双循环赛。这种比赛方法能使参加比赛的各队或各个选手都能得到比赛的机会，有利于通过比赛全面地互相交流经验,比赛的结果偶然性、随机性较少,因而也基本上能反映出参加比赛的各队或选手之间真实的技术水平。

三、单循环比赛的场数和轮数的计算方法

在循环赛中各队(或运动员)之间轮流出场比赛一次,称为"一轮",每两个队员之间比赛一次称为"一场"。

(一)单循环赛场数的计算(团体赛为次数)

$$次、场数 = \frac{队(人)数 \times [队(人)数 - 1]}{2}$$

例如:有6支队参加团体比赛,其次数为:

$$次数 = \frac{6 \times (6 - 1)}{2} = 15(次)$$

有9名运动员参加单打比赛,场数为:

$$场数 = \frac{9 \times (9 - 1)}{2} = 36(场)$$

(二)单循环赛轮数的计算

在单循环赛的小组循环赛中,参加比赛的队或运动员之间均出场比赛一次或一场(包括轮空),称为"一轮"。轮数分两种情况计算。

(1)当小组循环的队(人)为双数时:轮数 = 队(人)数-1。例如,有8个队参加小组循环赛,轮数为:8-1 = 7(轮)。

(2)当小组循环的队(人)为单数时:轮数 = 队(人)数。例如,有7个队参加小组循环赛,轮数为7轮。

次数、场数和轮数是乒乓球竞赛编排中安排时间、日程、需用场地、球台数量的基本依据,并且轮次是带有时间概念的,即两轮比赛不能在同一时间进行。

四、单循环比赛顺序的确立方法

(一)逆时针轮转法

这种方法比较常用,具体是将1号位固定不动,其他号位每轮按逆时针方向轮转一个位置,即排出下一轮的比赛顺序。以此方法直至排出全部轮次,号位数按实力水平排列,1号位是最强的队(人)。

如有6支队参加小组循环赛的排法。

第一轮	第二轮	第三轮	第四轮	第五轮
1—6	1—5	1—4	1—3	1—2
2—5	6—4	5—3	4—2	3—6
3—4	2—3	6—2	5—6	4—5

当小组循环的队(人)数为单数时,需要"0"补成双数,遇"0"者为轮空,然后再按逆时针轮转法排出比赛顺序。

如有5支队参加小组循环赛的排法。

第一轮	第二轮	第三轮	第四轮	第五轮
1—0	1—5	1—4	1—3	1—2
2—5	0—4	5—3	4—2	3—0
3—4	2—3	0—2	5—0	4—5

在"逆时针轮转法"的比赛顺序中,将最可能成为冠军的最重要的一次(场)比赛安排在整个比赛的最后一轮,使比赛在最后阶段进入高潮。对最强的"1"来说,比赛对手的实力由弱到强,最强的对手"2"在最后一轮相遇。并且各轮的比赛中强弱搭配均匀,每轮都有水平接近队(人)的比赛。

(二)顺时针轮转法

这种方法是先排出最后一轮的比赛顺序,使水平最接近的几次(场)比赛在最后一轮出现,达到高潮。然后再固定1号位不动,其他号位按顺时针方向轮转一个位置,即排出最后第二轮,以此方法排列出各轮比赛顺序。

如有6支队参加小组循环赛的排法。

第一轮	第二轮	第三轮	第四轮	第五轮
1-4	1-6	1-5	1-3	1-2
2-6	4-5	6-3	5-2	3-4
3-5	2-3	4-2	6-4	5-6

(三)大轮转小调动的方法

用逆时针轮转法或顺时针轮转法排出比赛顺序后,根据某种需要可对某轮或几场次进行个别的"小调动"。比如,在第一轮以外的轮次中选调一次(场),预计是比较精彩的或比较重要的比赛放在开幕式的第一场次进行;或者因此而把该轮比赛调为第一轮,原第一轮改为第二轮,其他轮次依此类推;或者为了在节假日安排精彩的场次进行个别的小调动。采用大轮转小调动的方法时,要顾全大局,特别要注意小调动可能带来的其他问题,以免顾此失彼。

五、循环比赛计算名次的方法

根据国际竞赛规程的规定,在单循环比赛中胜一场得2分,负一场得1分,未出场或未完成比赛的场次为0分,小组的名次根据各队的最后得分决定。如果小组中有两个或两个以上的队得分相同,其名次应根据各队之间的比赛成绩来决定。首先计算各队之间的得分数,如果各队的得分仍相等,再计算各队之间场数的胜负比率,场数胜负比率大者在前。如果场数胜负比率仍相同,则须计算各队之间的局数胜负比率和分数胜负比率,直至计算出最后的名次为止。如果这些队(人)的名次由抽签来决定,应该注意的是在计算各级胜负比率时,应将已决定出名次的队(人)除去后再继续计算下一级胜负比率,直至确定出最后的名次。

如有5支队参加比赛,其比赛结果和名次如下。

队	A	B	C	D	E	获胜分数	名次
A	X	3:0	3:1	3:0	3:0	8	1
B	0:3	X	3:1	3:1	0:3	6	4
C	1:3	1:3	X	3:0	3:1	6	3
D	0:3	1:3	0:3	X	0:3	4	5
E	0:3	3:0	1:3	3:0	X	6	2

注:X为轮空。

计算步骤:

(1)先计算5支队的获胜分数。

A队胜4次负0次　计8分　第1名

B队胜2次负2次　计6分

C队胜2次负2次　计6分

D队胜0次负4次　计4分　第5名

E队胜2次负2次　计6分

(2)B队、C队、E队3支队获胜分数相等,均为6分,所以计算这三支队之间的得分数。

B队胜C队负E队　得3分

C队负B队胜E队　得3分

E队胜B队负C队　得3分

由此可见以上3队得分数仍然相等,须进行下一步的场数胜负比率。

(3)3支队之间的胜负比率。

B队场数胜负比率 = 3 + 0/1 + 3 = 3/4 = 0.75　第4名

C队场数胜负比率 = 1 + 3/3 + 1 = 4/4 = 1.00　第3名

E队场数胜负比率 = 3 + 1/0 + 3 = 4/3 = 1.33　第2名

由此可以排出最后的名次,即E队第2名,C队第3名,B队第4名。

如果是单打中出现两个人以上获胜次数相等,也同样依次计算每个人之间的得分,再计算每个人之间的局数胜负比率,最后计算每个人之间的小比分胜负比率,直至得出最后名次。

如果在计算场数胜负比率后仍有未确定的,则应继续按计算步骤进行局数、分数胜负比率的计算。

六、单淘汰比赛法的编排

所谓单淘汰赛,是指将所有参加比赛的选手(或队),编排成一定的比赛秩序,由相邻的两名选手(或队)进行比赛,败者淘汰,胜者进入下一轮比赛,直到淘汰至最后一名选手(或队),这名选手(或队)就是这次淘汰赛的冠军。

单淘汰赛具有强烈的对抗性,比赛双方没有任何妥协的可能,败一场(次)就失去了比赛的权利。这种比赛方法便于在人数多、时间短、场地少时采用,而且比赛逐步进入高潮,并在冠亚军决赛的高潮后结束整个比赛;但这种比赛方法使大部分运动员比赛场次少,互相学习、锻炼的机会相对也少。在编排中随机性和不合理性相对较强。

单淘汰赛的编排是一项复杂而难度较大的工作,它包括选择号码位置数、计算轮数和场数、种子和轮空位置以及抽签等多项工作。

七、乒乓球比赛的号码位置数的设置方法

所谓号码位置数是指容纳比赛运动员的2的乘方数。采用单淘汰的比赛方法时,应根据参加比赛的人数选择号码位置数。

(1)当人数正好是2的某一乘方数时,就选择人数的数作为号码位置数。比如有64人参加比赛,就选用"64"作为号码位置数。

(2)当人数不等于2的乘方数时,就选用最接近人数的较大的2的乘方数作为号码位置数。如有40人参加比赛,就选用"64"作为号码位置数,因为最接近人数40的2的乘方数有32和64,而64大于40也最接近40。常用的号码位置数有如下几个。

$2^3 = 8$ $2^4 = 16$ $2^5 = 32$ $2^6 = 64$ $2^7 = 128$ $2^8 = 256$

八、单淘汰比赛法轮数和场数的计算方法

(一)轮数的计算

单淘汰的轮数 = 所选用号码位置数的2的乘方数。如选用16作为号码位置数,$16 = 2^4$,2的乘方数是"4",即为4轮。

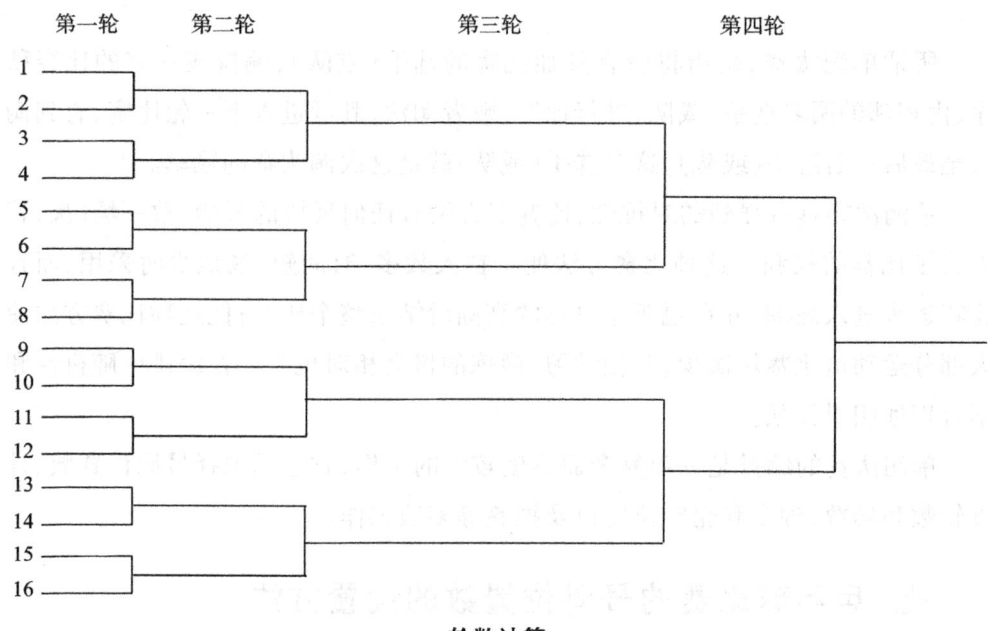

轮数计算

(二)场(次)数计算

单淘汰的场(次)数 = 参加比赛的人数(队数)-1,如有60人参加比赛,场数应是:60-1 = 59(场)。

九、双淘汰比赛法及轮数和场数的计算方法

运动员按编排的比赛次序进行比赛,失败两场者即被淘汰,最后败一场者为亚军,不败者为冠军,这种比赛方法称为"双淘汰赛"。

（一）双淘汰赛的轮数计算

胜方轮数与负方轮数分别计算。

胜方轮数：所选用号码位置的2的乘方数（即单淘汰轮数的计算方法）。

负方轮数：胜方轮次+1，如有16人参加双淘汰赛，胜方轮数是4轮，因为选用16个号码位置数，2的乘方数是4，即$2^4=16$，所以4就是胜方轮数。负方轮数是：4+1=5（轮）

总轮数=胜方轮数+负方轮数。即总轮数=4+5=9（轮）

（二）双淘汰赛场数的计算

双淘汰赛场数=胜方比赛场数+负方比赛场数。

胜方比赛场数=参加比赛的人数-1。

负方比赛场数=参加比赛的人数-2。

例如，有16人参加比赛，双淘汰的场（次）数是：(16-1)+(16-2)=29（场）

十、"种子"的概念和确定原则

乒乓球比赛由于参加的人数和队数较多，一般都采用分组循环赛和淘汰赛的比赛方法。为了避免强队和强队过早相遇，可把一部分优秀队或优秀运动员确定为种子。抽签时，先把种子队员合理分开，使他们最后相遇，这样在比赛中产生的名次就比较合理。确定种子的原则是根据技术水平确定，技术水平主要是看运动员在以往各种比赛中的成绩。例如，世界比赛成绩、大型国际比赛成绩、全国比赛成绩、其他比赛成绩等。

考虑比赛成绩时，要以最近的比赛和他所参加的同级或高一级的比赛成绩为准。在双打比赛中，如果原配对已经拆开，确定种子时可参考单打比赛成绩。根据不同性质的比赛，对确定种子的原则可作补充规定，比如有时候每个参赛队各设一名种子，有时也可不设种子。

十一、"种子"数目的确定方法

种子的数量主要是根据参赛队数和人数的多少来确定的,一般为参赛人数的1/6~1/12。分组循环赛一般是按分组的数目来确定种子,单项比赛采用单淘汰赛时,种子的数目应为2的乘方数。

(1)如果少于25名(队)运动员,应设2名(队)或4名(队)种子。

(2)如果有25~48名(队)运动员,应设4名(队)~8名(队)种子。

(3)如果有49~96名(队)运动员,应设8名(队)~16名(队)种子。

十二、"种子"的号码位置的确定

种子应均匀地分布在各个"区"里。所谓"区"即把所选用的号码位置数划分成若干个相等的部分。比如,选用64号码位置,1~32号是上半区,33~64号是下半区;1~16号是1/4区,17~32号是2/4区,33~48号是3/4区,49~64号是4/4区。以此推出各个1/8区,1/16区,以此类推。

若设两名种子,应分布在上、下半区各1名;若设4名种子,应分布在四个1/4区里各一名;若设8名种子,应分布在八个1/8区里各一名。

"种子"位置表

1	256	129	128	65	192	193	64
33	224	161	96	97	160	225	32
17	240	145	112	81	176	209	48
49	208	177	80	113	144	241	16
9	248	137	120	73	184	201	56
41	216	169	88	105	152	233	24
25	232	153	104	89	168	217	40
57	200	185	72	121	136	249	8

查表方法:根据比赛所设种子数和所选择的号码位置数,依次逐行由左向右摘出小于或等于所选择的号码数的号码,即为种子位置号码。如有60人参加比

赛，我们选择64作为号码位置数，设8名种子，从上表查得种子位置号码应是：1、64、33、32、17、48、49、16。

种子位置的确定：一般情况下常用跟种子的办法来确定种子位置号码。跟种子是指在1号种子和2号种子定位以后（1号种子在上半区顶部，2号种子在下半区底部）其他种子"跟进"的方法进行定位。即3号种子跟2号种子在下半区顶部；4号种子跟1号种子在上半区底部；5号种子跟4号种子在第二个1/4区的顶部；6号种子跟3号种子在第三个1/4区的底部；7号种子跟2号种子在第四个1/4区的顶部；8号种子跟1号种子在第一个1/4区的底部；9号至16号种子依此类推。

以64为号码位置，设8名种子为例，采用跟种子办法确定的种子位置号码，如下图所示。

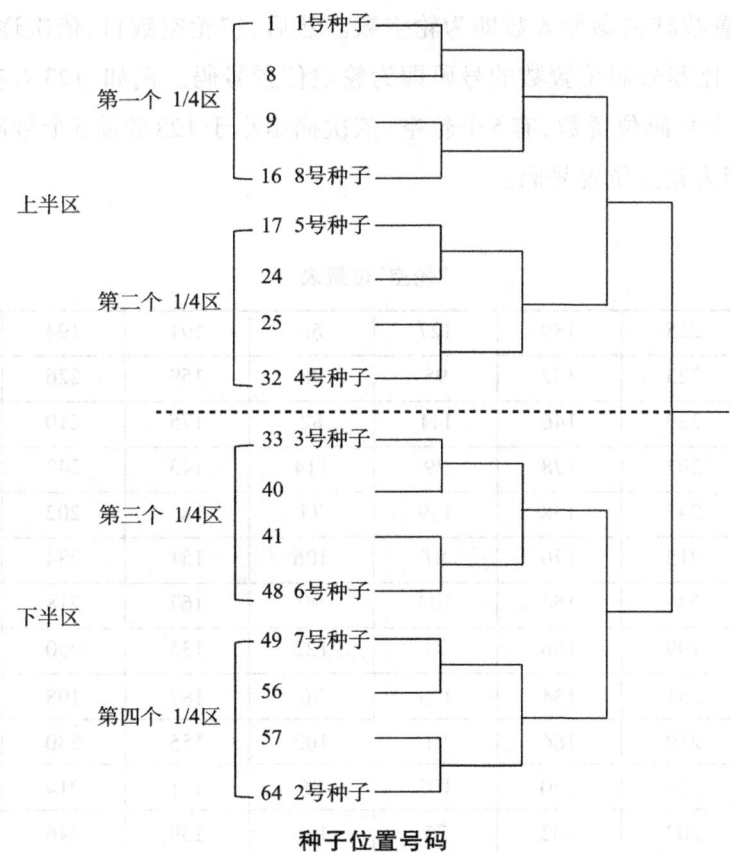

种子位置号码

十三、"轮空"的概念以及"轮空"数量的计算方法

在单淘汰第一轮比赛中,运动员少于号码位置数时,没有运动员的位置称为"轮空"位置。即

$$轮空数 = 号码位置数 - 参赛人数$$

十四、排定"轮空"位置的方法

轮空位置应均匀地分布在各个区内。

在种子与非种子运动员之间,种子优先轮空,在种子运动员中,种子序号列前者优先轮空,轮空位置号码可查轮空位置表。

查表方法:先根据参加人数,选择最接近的较大的2的乘方数作为号码位置数,号码位置数减去参加人数即为轮空数。然后,按轮空数目,依次逐行由左向右摘出小于比赛号码位置数的号码即为轮空位置号码。例如,123人参加比赛,应选用128个号码位置数,有5个轮空,依次摘出小于128的前5个号码:2、127、66、63、34即为轮空位置号码。

"轮空"位置表

2	255	130	127	66	191	194	63
34	223	162	95	98	159	226	31
18	239	146	111	82	175	210	47
50	207	178	79	114	143	242	15
10	247	138	119	74	183	202	55
42	215	170	87	106	151	234	23
26	231	154	103	90	167	218	39
58	199	186	71	122	135	250	7
6	251	134	123	70	187	198	59
38	219	166	91	102	155	230	27
22	235	150	107	86	171	214	43
54	203	182	75	118	139	246	11

续表

14	243	142	115	78	179	206	51
46	211	174	83	110	147	238	19
30	227	158	99	94	163	222	35
62	195	190	67	126	131	254	3

十五、比赛前抽签原则

种子选手要按种子序号合理分开，最后相遇。同一单位的运动员应按技术水平排列顺序号合理分开最后相遇。同一单位的1号选手和2号选手应抽入不同的两个半区；同一单位的3号选手必须跟2号选手在同一个半区的不同的1/4区里；同一单位的4号选手必须跟1号选手在同一个半区的不同的1/4区里；同一单位的5号至8号选手应抽入前四号选手所不在的1/8区里，以此类推。

十六、男女团体赛的比赛顺序的排定方法

男子团体赛应按世乒赛的程序进行，一个队由3名运动员组成。

比赛开始前，由双方队长抽签决定A、B、C和X、Y、Z队，然后由两队队长将本队运动员排名表交给裁判员。比赛的次序为：

第一场：A-X

第二场：B-Y

第三场：C-Z

第四场：A-Y

第五场：B-X

每次比赛采用5场3胜制，每场比赛采用3局2胜制或7局4胜制。

随着世锦赛的发展，女子团体赛的出场顺序有所变化，在第43届世乒赛之前采用马赛尔·考比伦杯的程序进行，即每队报2~4名运动员，每次比赛出场两名运动员参加单打，并从报名的运动员中任选两名参加双打。每次比赛前由双方队长或教练员抽签决定主队和客队，然后由两队队长将本队运动员排名表交给裁判员。在前两场单打比赛结束前，队长可不提交双打运动员的名单。在第

43届世乒赛期间召开的国际乒联大会上,经国际乒联批准,通过了女子团体比赛方法采用男子团体比赛的方法,即原来第三场的双打改为单打,并决定现行女子团体赛的比赛顺序为:

第一场:A-X

第二场:B-Y

第三场:C-Z

第四场:A-Y

第五场:B-X

每次比赛采用5场3胜制,每场比赛采用3局2胜制或7局4胜制。

如果双打运动员中任何人需要连续打两场比赛,可以提出在两场之间有几分钟的休息时间(具体时间按规则规定实行)。

第二节 乒乓球裁判方法

一、裁判员临场管理的基本内容

裁判员是一场比赛的组织者,必须根据规则和规程对一场比赛实行全面的管理。

（一）比赛双方得失分的管理

对比赛胜负机制的管理,是一场比赛最基本的管理,必须在准确地认定比赛事实的基础上,公正地对每一个回合做出及时的判决。

（二）对比赛器材的管理

包括比赛球台、球网、球和球拍等。其中,球台、球网和球的质量规格及球台的布局在赛前已由裁判长检查认定,但仍需裁判员实施下列管理。

1. 在该场比赛开始前

（1）检查球台、球网的安置及比赛用球,确保其符合规定。

（2）检查运动员的球拍,发现有不合规定的则要求运动员更换。

(3)要求运动员选定2~3个双方都能接受的比赛用球,如果双方意见不一致而使比赛不能进行时,由裁判员任意决定一个比赛用球。

2. 在该场比赛进行中

(1)确保比赛球台、球网的安置始终符合规定。

(2)防止运动员擅自更换比赛用球和球拍。

(3)在不能实现上述管理目标时应立即报告裁判长。

(三)比赛条件的管理

包括比赛场地、灯光、挡板、计分器、队名牌或人名牌等,尽管赛前已由裁判长检查认定,但仍需要裁判员在该场比赛开始前再行检查,并在比赛进行中维持比赛条件的标准和规范。一旦发现问题,应在职责允许并力所能及的范围内及时处理,解决不了的应立即报告裁判长。

(四)运动员比赛服装的管理

(1)比赛服的式样一般应是短袖运动衫、短裤或短裙、短袜和运动鞋。

(2)短袖运动衫、短裤或短裙的主要颜色应与比赛用球的颜色明显不同,短袖运动衫的袖子和领子除外。

(3)比赛服上的运动员号码或字样、徽章、标记、广告及装饰物必须符合规定。

(4)团体赛同队运动员或同一协会运动员组成的双打配对,服装款式和颜色应一致,鞋袜除外。

(5)比赛双方运动员应穿着颜色明显不同的运动衫,当裁判员对运动员的比赛服装是否合乎规定有怀疑时,或当上列某项要求不能实现时,且在裁判员已经通知运动员更换比赛服装而运动员拒绝更换的情况下,应立即报告裁判长。

(五)对比赛时间的管理

除法定的间歇外,要保证全场比赛连续进行。

(1)一场比赛的局与局之间,可允许运动员有不超过1分钟的休息时间。

(2)允许需要连场比赛的运动员在连场的比赛之间有最多5分钟的休息

时间。

(3)每局比赛中,允许运动员在每打完6分球后或决胜局交换方位时,用短暂的时间擦汗。

(4)一名或一对双打运动员可在一场比赛中要求一次暂停,时间不超过1分钟。

(5)运动员在比赛中损坏了球拍,应立即替换随身带来的另一块球拍或场外递进的球拍。

在替换破球或损坏的球拍以后,可允许运动员练习少数几个回合,然后继续比赛。运动员因意外事件而暂时丧失比赛能力并要求紧急中断时,应立即报告裁判长。除非裁判长允许,运动员在一场比赛中应留在赛区内或赛区附近。在局与局之间的法定休息时间内,裁判员应监督运动员留在赛区周围3m以内的地方。

(六)对场外指导的管理

应按下列要求防止非法的场外指导影响比赛的公正性。

(1)团体比赛中运动员可接受任何人的场外指导,但单项比赛中运动员只能接受在该场比赛开始前向裁判员指明的一位指导者的指导,否则即应令其远离赛区;如果一对双打运动员来自不同协会,则可分别授权一名指导者,如未被授权的人进行指导,裁判员应出示红牌令其远离赛区。

(2)只要没有拖延比赛,运动员可以在除比赛回合中的任何时间接受场外指导。如被授权的指导者进行非法的指导,裁判员将出示黄牌进行警告,对警告后再次违反者应出示红牌令其远离赛区;如其拒绝离开,则应立即报告裁判长(2016年10月1日开始执行)。

(七)对运动员行为作风的管理

(1)应督促运动员避免那些不公平的、影响对手的、冒犯观众或影响本项运动声誉的不良作风或行为表现。

(2)如该场比赛中运动员在赛区内的行为表现不符合上述要求时,若属初犯,则应予以警告(出示黄牌);如警告后首次再犯,可判其对方得一分(同时出示红、黄牌);第二次再犯,可判其对方得两分(同时出示红、黄牌);此后再犯或一场比赛中任何时候出现严重冒犯行为(包括未通知裁判员和对方即自行更换球拍),应立即报告裁判长。

(八)比赛运行机制的管理

包括团体赛双方运动员的出场顺序,一场比赛开始时发球、接发球和方位的选择。比赛中发球、接发球和方位的交换以及击球次序、轮换发球法等方面的管理,要求按规则予以有条不紊地控制。

(九)对比赛技术文书的管理

(1)团体赛前根据秩序册核对双方填写的排名表。
(2)赛前和赛后记分表的填写。
(3)赛后记分表的送签和分发、上交。

(十)对观众的管理

对观众的管理也是一种无形的、间接的管理,要求在组织比赛并保证比赛正常进行的过程中,把观众的注意力吸引到比赛上,促使形成激励运动员顽强拼搏、有利于比赛各方充分发挥技术和战术水平的良好氛围。

二、临场裁判员操作程序

(一)赛前

(1)赛前分析。赛前要分析该场比赛中可能出现的情况,做好充分的思想准备。

(2)整理检查裁判服装。在出发到比赛场地之前,裁判员要根据当天的裁判任务,准备好整洁的服装和鞋子。裁判员的着装要体现规则的要求及严肃认真、朝气蓬勃的精神面貌。

(3)准备裁判用具。在出发到比赛场地前,裁判员要先准备好秩序册、秒表、挑边器、比赛用球、量网器、人名牌、队名牌、团体赛排名表、记分表、复写纸、圆珠笔、夹板、曲别针等用具,放在比赛用的工作包内。

(4)检查场地。裁判员应在每节比赛前10~15分钟检查场地。

(5)找双方队长抽签。团体赛在赛前20分钟找双方队长抽签,确定主队与客队。每场比赛前10分钟找双方队员抽签,选择发球、接发球或方位。

(二)赛中

赛中包括每局结束、每场结束、交换场地、组织到场的过程中应做的工作如下。

(1)开始练习时,裁判员宣布"练习两分钟",然后把球从台面上滚动给发球员。

(2)比赛开始前,裁判员应向副裁判员示意,先向接发球一方报"准备"后,把球从台面上滚动给发球员,然后坐回裁判席,在接发球员做好准备时,宣布"发球"同时报出"0∶0"比赛开始。

(3)双打比赛开始前,裁判员应要求双方明确第一发球员和第一接发球员。

(4)根据规则规定每分球结束后,用术语和手势判定得失分,并及时报分。先报发球方的分,后报接发球方的分。

(5)当出现球台移动时,裁判员应立即中断比赛并判其失分,然后调整球台、量网,再开始比赛。

(6)一场比赛结束后,主裁判应举拳示意获胜一方。

(三)赛后

(1)迅速填好记分表,双方运动员签字后,经裁判长审核无误后送交大会记录组。

(2)清点所有裁判用具和器材并收回。

三、竞赛组织工作的基本内容

组织竞赛活动可根据比赛规模大小成立筹备委员会或者竞赛组织委员会。规模小的比赛,也可以由主办单位指定少数人成立负责单位,由这些专门的组织委员会来负责组织完成一项竞赛活动。

(一)组织一次乒乓球竞赛活动的工作内容

(1)制定与下发竞赛规程。

(2)组织报名。

(3)召开领队会并抽签。

(4)编排比赛秩序册。

(5)印发秩序册。

(6)组织安排赛前练习。

(7)组织并完成所有比赛,包括成绩的登录与公告、印发成绩册。

(8)比赛资料汇总与归档。

(二)制定竞赛规程内容

竞赛规程是主办单位和参赛单位进行各项组织工作和报名工作的依据。竞赛规程应在比赛前尽早发给参加单位,以便各单位有充分时间做准备工作。竞赛规程通常包括以下内容。

(1)竞赛名称。

(2)目的和任务。

(3)举办日期和地点。

(4)竞赛项目和竞赛方法。

(5)报名人数、报名资格和报名截止日期。

(6)报到日期。

(7)采用的竞赛规则。

(8)竞赛办法。

(9)录取名次和奖励。

(10)竞赛用球、球台。

(11)精神文明运动员、运动队、裁判员的评选。

(12)其他特殊规定。

四、裁判员判分时应注意的几点问题

(1)每个回合除重发球外必须判分,规则规定了判分的不同依据。一个回合的关键通常在于球脱离比赛状态的那一时刻,裁判员应该谨防根据自己的预测来做出判定,而该回合的结果可能与他的预测完全不同。

(2)不是所有的判分都像未能合法发球或合法还击那样直接与比赛有关。例如,当一名运动员打了一个制胜的球,但在球尚未脱离比赛状态时,他的不执拍手不小心触及了比赛台面或移动了比赛球台,他将失去一分,而不考虑他的对手是否能够还击。

(3)裁判员绝不能在规则条文之外判分,裁判员所有的判决总是应该有相应的规则依据。因此,裁判员应仔细地研究,理解所有可以判分的规则条文。

(4)某些犯规并不能自动导致比赛中止,该回合必须通过裁判员的报分来中止。回合为什么被中止,有时运动员清楚,有时可能不清楚,裁判员、副裁判员应该进行解释,最好使用规范的语言解释。

五、乒乓球比赛中裁判员常用的手势和术语

术语和手势是临场裁判员在执行规则时的专业术语和动作。比赛中,裁判员为了向运动员和观众表明判分的原因,使他们及时了解比赛的进行情况,特别是国际比赛,由于语言不通,或因比赛场内球台多、声音嘈杂,就更需要采用术语和手势来表达。裁判员应做到术语清晰、声音洪亮,手势准确、果断。

通常采用的术语和手势有以下几种。

(一)得分

如果右方运动员得分,则举右拳(略低于头部);如果左方运动员得分,则举左拳。

得分

(二)交换方位

每局交换方位时或决胜局任何一方先得5分,主裁判两手在胸前交叉一次(手心向胸)。

交换方位

(三)发球擦网

主裁判一手掌向前平伸,手心向下。

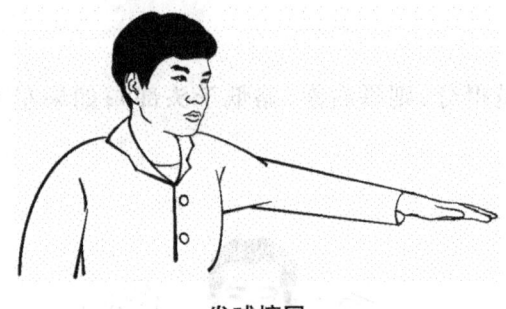

发球擦网

(四)擦边

一手臂伸直,用食指指向擦边的方向。

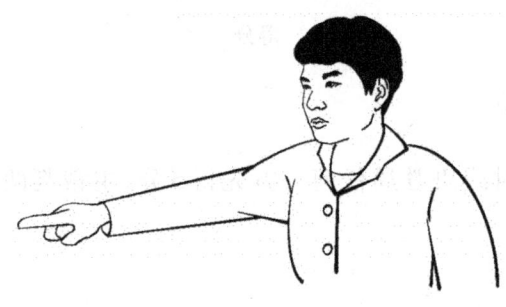

擦边

(五)阻挡

一手臂伸直,以手掌向另一握拳的手碰一下。

阻挡

(六)两跳、连击

一手臂伸直,食指和中指并拢指向出现两跳、连击的方向。

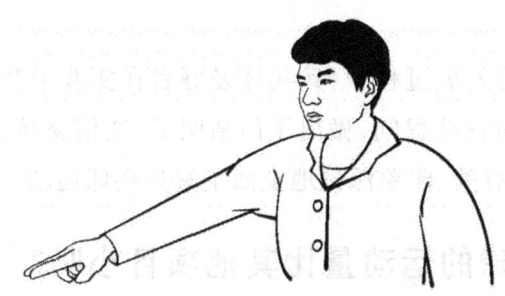

两跳、连击

(七)台面移动

两手手掌向前做推东西的姿势。

台面移动

思考题

1. 乒乓球比赛共有哪些项目？常用的比赛办法有哪些？
2. 单淘汰比赛法轮数和场数的计算方法是什么？
3. 男、女团体比赛的出场顺序是怎样的？

第九章　乒乓球运动知识问答

在乒乓球运动的发展过程中,乒乓球爱好者在实践中产生了各种各样有意思的提问。本章针对这些提问,做出了简洁明了、通俗易懂、深入浅出的解疑答惑,有益于大家快速有效、印象深刻地全面了解乒乓球运动。

一、打乒乓球的运动量比其他项目小吗?

任何运动项目的运动量都不是固定不变的,都随着时间和强度的变化而变化。时间长、强度大其运动量就大,反之则小。球类项目的运动量还与对手的强弱有关,如果对手强,运动员投入的精力和体力就大,运动量就大;如果对手弱,其运动量就小。乒乓球运动也和其他球类运动项目一样,随着时间、强度以及对手的变化显示出不固定的运动量。

运动量的大小,还与打球人自身的生理反应情况有关。例如,强手较量后,脉搏可由赛前的每分钟70次左右增加到赛后的每分钟120~140次,血压可由赛前的124/67mmHg增加到赛后的160/60mmHg。激烈的比赛,还会使体重下降1kg左右。这些变化说明乒乓球运动量并不小。

随着打球者技术水平的提高,以及比赛所引起的情绪紧张,都会使人体各器官系统的功能变化越来越大,给予人体的影响越来越深。因此可以说,对于优秀的职业运动员而言,乒乓球运动是一项运动量相当大的运动项目,而对于一般水平的运动员或乒乓球爱好者来说,乒乓球运动则会起到健身强体的作用。

二、比赛中可以双手轮换执拍打球吗?

在20世纪50年代的一次比赛中,上海有一名左手横握拍的削球运动员,打起球来拼劲十足,每一个险球都拼命抢救,当对手扣他一个正手大角度球时,他在离台较远处把球削回去,对方又放了一个短球,放在反手近处,眼看这球已无法挽救,这时只见他快速用交叉步向前,右脚跨近球台,可是球距左手还差一截,刹那间,他忽然把球拍从左手换到右手,右臂伸进球台,球拍刚好够到球,把球轻轻搓过去,赢得了宝贵的一分。虽然这种现象在比赛中仅是个别运动员表现出的个别现象,但是在乒乓球运动规则中没有规定运动员一定要用哪只手握拍打球,亦没有规定运动员不许换手,现在的规则中也没有不允许换手的规定,所以这种双手轮换打法是合规的。不过在实践中没有运动员愿意同时训练双手打球,因为练会双手都能打球需要花费双倍的时间。打乒乓球不像打仗,在同一时间内只能一个人对一个人打,并且共打一个乒乓球,所以即使练成了"双枪手",在球场上也是英雄无用武之地。

三、比赛中球拍脱手怎么办?

当比赛正在紧张进行的时候,运动员如果因用力过猛,使球拍脱离了手,不必惊慌。如果球拍掉在附近的地上,可以捡起来继续比赛;如果球拍掉在了桌面上,只要没有碰到球网装置而时间又来得及,也可以重新拿起来进行还击,但是在拿球拍时要注意手不能接触台面。因为规则中规定运动员非执拍手不能接触台面。一旦球拍离开了执拍手,那么执拍手就变成了非执拍手,所以非执拍手碰到台面就被判失一分。如果球拍失手后,运动员用空手还击球,也判为失分。

如果球拍是先触球后脱手,打过去的球仍为有效球;如果球拍是先脱手后碰球,那么即使球回击到对方台面上,也只能算为坏球。

四、发球、接发球次序和方位出现错误时该怎么办?

运动员的发球或接发球次序一旦出现错误,裁判员应立即中断比赛,根据该场比赛开始时确立的次序,按当时场上比分,由应发球或接发球的运动员发球或接发球。在双打中,则按发现错误时那一局中有首先发球权的那一方确立的次序进行纠正。

运动员未按规定交换方位时,裁判员一旦发现,应立即中断比赛,根据该场开始时确立的次序,按当时场上比分来确定运动员应该站的方位进行纠正。

在任何情况下,发现错误之前的所有得分均应计算。

五、比赛中什么情况下可以越网追击？

我们在杂技表演中可以看到这样一个节目，演员把一块十字形木板，投向观众席的上空，只见这块木板在观众头上旋转飞行一个大圈子后，却令人惊奇地又回到这位演员的手中，好像他的手中有着巨大的吸引力。乒乓球爱好者由此可以联想到，如果自己打出的球碰到对方台面后，不向前跑，而是向回弹到自己的台面，这一定是个水平极高的球，而对方一定会因接不到球而失分。

在乒乓球比赛里确实存在着这种情况，当有人把球打到对方台面时，由于球的强烈旋转的原因，一接触对方台面就会自动"向后转"又越过球网，落在自己的球台上，或者直接拐出界外，而使对方失掉一分。

如果在比赛中遇到"向后转"球，即当球刚刚落台又自动弹回时，可以随球越网追击，只要球还未落到对方台面上，打中了就算合法还击。但是，在过网追击时要注意不要使身体的任何一部分和球拍碰到了网架或球网，否则算失分。如果因越网追击而影响了对方还击，也算失分。

六、乒乓球在比赛进行中破裂了怎么办？

比赛正在进行中，球忽然破裂而妨碍运动员还击时，裁判员应宣告"暂停"，双方比分不变，换球以后按球破裂时的发球顺序重新发球。但是，如果发现球虽已损坏，并不妨碍运动员还击，裁判员可以根据当时具体情况判断得分是否有效。

七、擦边球都是"好球"吗？

我们通常认为"擦边球"为"幸运球"，是指眼看就要失分的球却因为擦到了球台的一点点边而变为"好球"。然而如果我们稍加留神就会发现，在比赛中并不是所有的"擦边球"都被判为好球的，有时也被判为失分，这是为什么呢？按比赛规定，球台的上层表面叫作比赛台面，是与水平面平行的长方形。比赛台面包括球台上面的边缘，而不包括上面边缘以下的侧面。所以假如打出的球碰在对方球台的侧面或台面的下缘，就只能算作不合法球而判为失分。因此我们说并不是所有的擦边球都是"好球"。

八、横握拍好还是直握拍好？

初学乒乓球的人往往会问："打乒乓球选用哪种握拍法好？直拍好还是横拍好？"这个问题要根据两种握拍法的特点来回答。

直拍握拍法的特点是正反手都用球拍的一面击球，出手速度快，正手攻球快而有力，攻斜线、直线时，拍面不须作较大的变化，增加了对手在判断上的困难；另外，手腕比较灵活，有利于发出各种不同旋转的球。但反手击球时，由于受到身体的阻碍不易发力，由于握拍法的限制不利于快速调节板形，左右照顾面较小。到目前为止，已经有选手利用拍子的另一面进行反手攻球，这可以改善调节拍形的困难。亚洲选手多采用直拍握法。

横拍握拍法的特点是正反手攻球力量大，反手攻球较容易发力也便于拉弧圈，正反手交替击球时，须变换击球拍面，手腕灵活性相对差些，不利于发出各种旋转球。由于手腕灵活性差，不利于攻台内球。国内外不少优秀选手采用横握拍法。

从以上两种握拍法的特点来看，各有利弊。世界优秀选手中既有横握球拍的孔令辉、王涛、瓦尔德内尔、邓亚萍、乔红，也有直握拍的金泽洙、刘国梁、刘南奎、杨影、齐宝华等。因此，论及哪种握拍法好或不好，只要摸清它的规律，就能发挥它的作用，最终的决定因素是人本身。随着现代乒乓球运动的发展，由于横握拍握法简单，特别有利于正反手的发力等优点，选择横握拍的人越来越多。

九、如何保护乒乓球拍？

球拍对于乒乓球运动员来说，就像武器对于战士一样重要。为了打起球来得心应手，并能延长球拍的使用寿命，平时要注意保持拍面的干净。无论是正贴海绵胶还是反贴海绵胶，用完一次后，拍面都会粘上脏土、灰尘和汗水，特别是反贴胶皮的拍面，一有脏土就会影响打球的旋转程度。因此，应该准备好一块干净的海绵和一种专门用来清洗拍面的清洁剂，每次用完后用海绵蘸些清洁剂擦去拍面的尘土等脏物，然后把球拍放在通风的地方晾干，切记不要放在太阳下暴晒。这样就可以经常保持拍面发涩，打起球来顺手。

球拍表面不能压放东西,如果压放东西一方面会使胶皮表面受到磨损,另一方面会使海绵受到长时间压力而降低弹性。如果球拍不小心沾上水,只能放在通风处晾干,不要拿到太阳下暴晒,更不能拿到火上去烤,以免引起木板变形而影响击球的准确性。

十、日常乒乓球练习有什么锻炼价值?

经常参加乒乓球运动不仅可以锻炼人的灵敏性和协调性,提高动作的速度和上下肢活动能力,改善心脏和血管系统的功能和增强体质,而且还有助于培养人的勇敢顽强、机智果断等意志品质。

乒乓球运动的特点是球小、速度快。比赛时,运动员要在高度紧张的情况下对对手的攻击企图、来球速度、力量大小、距离远近、旋转性能等一系列问题做出快速的判断和反应,刹那间完成准确的击球动作,变换出球的方向等。这一连串的快速动作正锻炼了运动员的动作和速度。

乒乓球运动要求运动员同时完成多种复杂的协调动作,适应时刻变化的比赛情况,迅速地从一个动作转变到另一个动作,从一种战术转变到另一种战术,这就要求运动员眼明手快,具有高度的灵敏性,久而久之就锻炼了人的中枢神经系统的调节能力。

乒乓球运动是个人对抗项目,比较大的比赛一般要持续9~10天,一天要打好几场比赛,而且越到比赛后期越紧张激烈,此项目又不像其他球类项目可以中途换人,要求运动员必须具备良好的耐力。所以,此运动项目对培养运动员的意志品质十分有效。

十一、我国著名的"红双喜"品牌乒乓球是如何产生的?

"红双喜"乒乓球是上海乒乓球厂于1959年开始生产的一种高质量产品。1959年4月,中国选手容国团在第25届世乒赛上荣获男子单打冠军,上海乒乓球厂的全体员工听到这一喜讯后非常兴奋,他们表示,我国的乒乓球技术已经达到世界一流水平,我国的乒乓球质量也不能落后,所以全厂上下努力工作,狠抓质量。1960年4月,国际乒联咨询委员会审定了中国制造的"红双喜"牌乒乓球,认为它的圆度、重量、弹力、硬度等完全符合国际规定的标准,正式批准为国际比赛用球,并决定于1961年在北京举行的第26届世乒赛上第一次使用。

十二、我国的传统打法指的是什么?

我国传统乒乓球打法指的是近台快攻打法,是我国乒乓球队在世界乒坛上几十年保持长盛不衰的传统打法。20世纪60年代初,这种打法曾领导着世界乒乓球技术的新潮流。此种打法的指导思想是"以我为主,以攻为主,以快为主",其技术风格是"快、准、狠、变",最明显的特点是速度比任何一种打法要快,这是因为:打法站位近,球的运行弧线低,球的起落点距离近。由于站位近,多半是在球刚弹起时的上升期或高点期击球。如果来球速度快,还可以借助对方的力量反击,使得回球的速度更快。这种打法善于运用小臂和手腕发力,动作幅度小,准备姿势容易完成,这样缩短了时间,特别是手腕动作快,更有利于增加打球的速度,使球返回更快。这种打法更擅长于不间断地连续进攻或左推右攻,使整个动作的总速度得到了极大的提高。

十三、为什么说第45届世乒赛单项比赛是中国人的世乒赛?

1999年8月2日至8日,在荷兰埃因霍温举行的第45届世乒赛单项比赛被有趣地称为"中国人的世乒赛"。一方面,是中国人赢得了世乒赛上第一次冠名权,天津的民营企业大维集团花了50万美元在第45届世乒赛上加上了"大维"两个字,向人们传达着这样的信息:本届世乒赛是中国人出资办的。与其辉映的是双鱼牌球台和比赛用挡板,而且场地广告也大多是中国商家与产品的展示,中国的产品和中国的文字在埃因霍温体育中心比赛馆里营造了一种中国气氛,不由得让人误认为,中国人将主场移到了国外。另一方面,比赛场里到处可以看见中国球员、教练、记者、科研人员及观摩团成员。在7月31日下午6时举行的世乒赛抽签仪式上,条幅最醒目的便是一行大大的汉字"大维第45届世界乒乓球锦标赛抽签仪式",而外文则退为次席。抽签仪式上出现最多的也是中国队员的名字,中国选手在四项排名中位居榜首,只是在男单排名上让白俄罗斯的萨姆索诺夫占了先手。但当8月8日世乒赛结束，中国队取得了已经进行的男单、女单、男双、女双、混双五个项目的冠军和亚军，令世人瞩目。因此，第45届世乒赛单项比赛被有趣地称为"中国人的世乒赛"，是有一定道理的。

十四、你知道乒乓球邮票的发展历程吗？

1948年7月15日，世界上第一张乒乓球邮票由尼加拉瓜借世界垒球锦标赛时发行。

世乒赛邮票的发行包括：1953年，罗马尼亚第一次为第20届世界乒乓球锦标赛发行了邮票一套两枚。后来先后有日本（第23届）、中国（第26届、第43届）、捷克斯洛伐克（第27届）、朝鲜（第29届、第34届、第35届）、瑞典（第29届、第38届、第42届）、南斯拉夫（第32届、第36届）、印度（第33届）、英国（第34届）发行邮票。其中，我国为第26届世乒赛发行的小型张由于是乒乓球邮票中第一张小型张，且发行量小，成为邮票中的珍品。1995年，我国第二次举办世乒赛，原邮电部发行了两枚一套纪念邮票，后来由于我国乒乓球队囊括了全部7项冠军，原邮电部在计划外又发行了一枚小型张，该小型张发行量较小，也成为乒乓球邮票中价格上升最快的邮票。

奥运会乒乓球比赛发行的邮票包括：1963年12月12日，尼加拉瓜发行了世界上第一张印有奥运会五环标志的乒乓球纪念邮票。1964年12月第18届奥运会在日本举行，由于当时我国被排挤在奥运会大家庭之外，当时日本是乒乓球世界强国，将乒乓球作为选择项目列入了奥运会，所以1964年12月19日第一张奥运会纪念邮票再版时，明确地加上了"OLYMPIADAS TOKYO—1964"字样。

1926年12月在英国伦敦成立的国际乒联，使乒乓球运动作为一项正式体育项目登上国际体坛。目前，国际乒联拥有200多个会员，是世界上最大的5个单项体育组织之一，已成功地组织了54届世界乒乓球锦标赛。1988年乒乓球正式成为汉城（现名首尔）第24届奥运会比赛项目。使小小"银球"成为和平、友好的象征。1983年8月30日，巴巴多斯为举办乒乓球世界杯男子单打比赛而发行的邮票，把国际乒联的标志英文缩写"ITTF"搬上了画面。1998年4月3日至5日，在我国苏州举行的国际乒联比赛时发行的首日封第一次把国际乒联标志作为邮戳图样。亚洲乒乓球联盟的英文缩写"ATTU"构成球拍图形为标志,成为1970年在我国举行的第一届亚洲乒乓球锦标赛纪念邮票的图案。世界乒乓球邮票上还有其他比赛的会标,如亚非拉友好邀请赛的"AAA"等。

自1926年起,男子团体斯韦思林杯、女子团体考比伦杯、男子单打圣·勃莱德杯、女子单打基·盖斯特杯、男子双打伊朗杯、女子双打波普杯和混合双打赫·杜塞克杯,先后在第36届、第43届、第46届、第48届、第49届、第51届世乒赛上由中国队6次实现大团圆,为了纪念中国乒乓球队囊括第36届世乒赛全部7项冠军,我国邮票设计家设计了以世乒赛奖杯为内容的纪念邮票,最令人值得骄傲的是"奖杯"的整版票上有鲜艳的五星红旗。巴巴多斯在1983年8月举办乒乓球世界杯男子单打比赛时,也将伊朗杯印在了邮票上。

十五、你知道有乒乓球收藏家吗?

乒乓球运动在世界各地的蓬勃发展,使得世界各地的乒乓球运动收藏爱好者收藏乒乓球、乒乓球拍成为时尚。

英国的杰拉尔德·格尼酷爱收集各种乒乓球拍,如今他已收集到不同时期、不同国别、各种款式的乒乓球拍100多种,其中包括一些19世纪的早期产品,一副1900年采用羊皮纸改制的乒乓球拍,是世界上现存的绝品。

荷兰的阿德里原来是乒乓球运动员,当他发现自己无法成为一名世界冠军时,决定改行成为一名乒乓球收藏家。阿德里先生说,乒乓球看似千篇一律,但它的微妙之处在于商标的千变万化。他曾为收集中国乒乓球而专程来中国,共收集到数十种有红双喜等方块字的乒乓球,目前他已收集到各种乒乓球2000多只。阿德里的努力得到国际乒联的重视,特发邀请函请他配合在一次国际乒乓球比赛期间专门展示他的收藏品。

作为世界乒乓球强国的中国,在收藏方面也做了大量的工作,现已兴建了乒乓球博物馆。一些民间收藏团体和个人乒乓球爱好者也已经注意收藏乒乓球、乒乓球拍等乒乓球运动物品。

十六、乒乓球大小、材料的演变过程是什么？

2000年2月19至26日，第45届世乒赛团体比赛在马来西亚首都吉隆坡举行（第45届世乒赛原定在南斯拉夫举行，由于北约侵略南斯拉夫而不得不移地推迟并且单项、团体分别举办。1999年8月2日至9日在荷兰埃因霍温举行了单项比赛；2000年2月19日至26日，在马来西亚首都吉隆坡举行团体赛）。在本次世乒赛团体赛期间召开的国际乒联代表大会上正式决定，从2000年10月1日起，38mm乒乓球将退出已有百年历史的乒乓球舞台，启用直径40mm的乒乓大球。这项决定与乒乓球拍从光板发展到粘胶覆盖物一样，称得上是百年发展史上的一个变革。尽管它对乒乓球技术产生的作用可能远不及球拍的进化，但从乒乓球运动本身来说，这次变革将开创乒乓运动一个新的纪元。在大球变革过程中，近三任国际乒联主席荻村伊智朗、徐寅生、沙拉拉作出了巨大贡献，功不可没。

根据国际乒联器材委员会的建议，40mm大球的重量定为27g。使用大球会对乒乓球运动产生什么影响呢？国际乒联科研委员会成员、当时在读博士研究生的张晓蓬先生经过多次测试，得出的数据是：40mm大球旋转比38mm球旋转减少23%，速度下降13%，弹力减少4.7mm。可见，使用大球后，会对运动员打球中的旋转、速度、弹性等均产生影响。

国际乒联规定，自2016年7月1日起正式将乒乓球直径由40mm改为40+mm，新球的直径标准由原来的39.50~40.50mm上调到40.00~40.60mm，材质上采用安全环保、以高分子聚合物为原料的"新塑料球"替代了原来硝化纤维材质危害性强易燃的"赛璐珞球"；而这次微小的尺寸调整，却足以让乒乓球的旋转、速度与弹性发生明显变化。这意味着乒乓球由此进入了"40+时代"。

十七、乒乓球比赛中什么时候开始使用"暂停"一词？

乒乓球比赛中第一次使用"暂停"是1998年年底在我国香港举行的国际乒联职业巡回赛总决赛上。2000年2月在马来西亚吉隆坡举行的第45届世乒赛团体赛时"暂停"正式"登堂入室"。这个规定允许每盘比赛中各队可叫一次"暂停"。

十八、现代乒乓球技术有哪些明显的发展变化？

乒乓球运动一直处于发展变化之中，技术风格和技术标准也在不断地发生着变化。从技术上看，最早阶段的技术风格，通常以技术全面、特长突出、无明显漏洞为目标要求，进而发展为反手得势、正手得分的目标；现阶段则力求正反手都要强，两面均衡成为共识。在过去很长一段时间里，蹬腿、转腰、收前臂被认为是拉弧圈球的合理规范动作要领，而现在的专业训练中不再过多强调转腰的动作，而是用"顶胯"的动作替代。

以前，反手推、拉、攻技术练习的时候，通常要求执拍手同侧脚略向后站或两脚平行。现代技术最新理论则要求执拍手同侧脚要站在前面，更能充分发力。因此，学习与练习中密切关注技术的发展变化，仔细学习运用最合理的动作技术要领，更有利于个人水平的提升。

十九、初学者怎样挑选合适的球拍和胶皮？

市场上乒乓球拍的种类繁多，对于初学者来说是一个崭新的问题。在此从以下几方面提出选择球拍的建议供大家参考。

（1）选择重量略轻、弹性中等偏小的球拍。初学阶段是学习掌握基本功阶段，其动作尚未形成"动力定型"，稳定性很差，挑选重量稍轻、弹性略低的球拍，有利于初学者控制球，找到球感和主动挥拍发力练习，也能更快找到肌肉感觉，加深肌肉记忆，从而尽快地掌握正确的技术动作。对于初学儿童选手在挑选球拍时，更要注意选用重量较轻的底板，拍柄应该稍微细一些，以帮助初学儿童养成正确的握拍习惯，避免球拍过重对儿童的生长发育造成影响。

（2）选择胶皮时，初学者可以选用反胶厚度为1.8~2.0mm、硬度为40度左右的海绵较为合适，正胶海绵硬度在35度左右较为适宜。这有利于掌握正确的基本技术，当前初学者选择反胶的数量远大于正胶的数量，可能反胶黏性大一些，摩擦力更大，有利于发出更旋转的球，也便于控球的原因。不过随着技术的不断提高，球龄的增长，初步形成了自己的打法类型之后，还是可以改变球拍和胶皮类型的选择的。

(3)初学者不宜选择性能比较特殊的颗粒胶。所谓有特殊性能的颗粒胶是指长胶、生胶等颗粒向外的外形类似正胶的几种胶皮,不利于初学者掌握夯实基本功技术,一般等基本功技术达到一定的水平阶段,可以考虑尝试这些有特殊性能的胶皮,也有利于形成自己的打法类型和特长。

二十、为什么在单打比赛中运动员首先选择发球权?

在乒乓球比赛中,发球是唯一不受对方来球制约和限制的技术。发球时可以选择自己最合适的站位,按照自己的战术意图把球发到对方球台的任何一点,最大限度地发挥自己的战术手段,为自己的进攻或得分创造有利条件。如果发球质量高会在比赛中给对方造成压力和紧张心理,增加对方接发球质量不高的机会,甚至可以直接得分。因此,乒乓球单打比赛中,运动员通常先选择发球权,争取抢先取得发球抢攻的主动机会和抢先发挥自己的技术特长取得主动局面。

二十一、怎样才能练出有威胁的发球?

(1)练就一手"少而精"的发球技术。乒乓球技术中发球的种类很多,运动员首先精练一两种高质量的发球,作为自己在比赛中得分制胜手段。在此基础上不断掌握其他种类的发球技术,配合主要的发球技术变化使用。切忌在比赛中使用面面俱到却没有威力的发球技术。

(2)要练习配套的发球。发球时可以用一种动作发出多种不同的球,给对方以迷惑感,从而使对方接发球质量不高或直接失误。比如,正手用相同的动作发下旋球与不转球,使对手不易判断出来球的旋转方向而回接被动。乒乓球的发球种类通常是用"套"来计算的。一套高质量的发球技术,能把旋转、力量和落点很好地结合起来,从而在比赛中取得主动地位。

(3)发球技术要与抢攻技术同时提高。发球抢攻是乒乓球技术中常用的一项得分手段,发球和抢攻有机配合使用,才能获得优势,二者相辅相成,缺一不可。如果只有高质量的发球而无高质量的抢攻,也达不到预期的效果。

(4)练习发球要有针对性。初学者或少儿运动员从一开始就应该养成根据对手的具体技术特点来决定发什么球的意识。有目的地练习,更有利于尽快提高技术水平。

二十二、你了解砂板乒乓球运动吗?

"砂板"是一种乒乓球拍的名称,它并非新发明的乒乓器材。据资料表明,早在19世纪末至20世纪初,乒乓球运动还处于游戏阶段的时候,就相继诞生了砂板球拍和颗粒胶皮球拍两种深受人们青睐的球拍,并一直被使用近半个世纪之久。1952年,由于日本乒乓球男子选手首次使用8mm厚的海绵拍并获得了世界冠军,这种颗粒胶皮与海绵结合的使用开始流行起来,用砂纸做成的砂板拍逐渐被淘汰。然而,进入21世纪后,这种砂板和"砂板乒乓球"运动却再次悄然兴起。

几位英国人和美国人看到了"砂板乒乓球"运动的魅力和商机,经过精心策划后在2012年1月隆重举行了第一届世界砂板乒乓球锦标赛。在此之后,每年的1月都要在英国伦敦的亚历山大宫举办一届世界砂板乒乓球锦标赛。目前,世界砂板乒乓球锦标赛已吸引了50多个国家和地区的数百万砂板爱好者的参与,其规模和影响正在日益扩大中。我国砂板乒乓球运动员在2015年第一次参加世界砂板乒乓球锦标赛。

目前,砂板乒乓球已经注册了属于自己的世界锦标赛的英文名称(World Ping Pong Championships),但有趣的是,这个名称与国际乒联举办的世界乒乓球锦标赛名称(World Table Tennis Championships),两者翻译成中文都是世界乒乓球锦标赛。在我国,为了防止World Table Tennis Championships与World Ping Pong Championships相互混淆,我国的专业研究者通常会把"World Ping Pong Championships"翻译成"世界砂板乒乓球锦标赛"。

二十三、什么是无遮挡发球?

在无遮挡发球出现以前,有些运动员在发球时习惯用胳膊甚至是利用身体的一部分来遮挡对方的视线,致使对方看不清楚球拍与球接触瞬间的动作,难以分辨发球的旋转和落点,因判断失误而回球失分。一些优秀的老一代运动员,如世界冠军瑞典的瓦尔德内尔、中国的刘国梁等,被裁判员认为有时候用遮挡迷惑对手,他们发球之后的抢攻能力非常强,得分率很高,是制胜的重要手段之一。

随着越来越多的运动员在发球时采用较隐蔽的遮挡动作,使得接发球的难度变得越来越大,有时候不得不靠猜测对方发球的性质做出正确回击球的动作。因此国际乒联通过决议,修改发球规则,并于2002年9月实施无遮挡发球的新规则,目的是降低接发球时的难度,增加比赛的回合,提高观赏性。

从发球开始到球被击出,球必须处于台面以上和端线以外,发球的运动员或者他的双打队友身体的任何部位和衣服,都不能在球网以及两侧网柱顶端与球进行连线所形成的虚拟三角形之内或上方的高度,以不遮挡接发球员的视线为限。简单地说,运动员发球时,不能用肘臂挡住球,应当让裁判员和副裁判员看得见球和球拍,若运动员严重违反规定,裁判员将判运动员失1分。

二十四、什么是直板横打技术?

直板横打是指直板选手用球拍反面发动进攻的方法。20世纪90年代以前,我国的直拍选手大都只用球拍的正面击球。随着世界乒乓球技术水平的不断提高,竞争日趋白热化,直拍选手反手位进攻能力差的缺陷变得越来越明显,反手技术的不足已经严重阻碍着直拍打法技术的进一步发展。而我国乒乓球队创造性地发明了直板横打技术,这项技术由刘国梁首次在正式国际大赛中运用,并多次获得了世界冠军。从此直板横打技术被越来越多的运动员研究和使用,到现在已经发展成为一项较为成熟的技术。目前我国大多优秀的直拍选手都能较好地掌握这一项技术。

直板横打技术主要分为横打上旋球和横打下旋球两大类。上旋球横打技术包括平挡、快撕、贴球、中台拉球、弹击和反拉弧圈球等,下旋球横打技术包括拉加转弧圈球和前冲弧圈球。

二十五、儿童什么时候开始学打乒乓球比较好?

据有关资料统计,我国现役部分优秀专业运动员成才的年龄大致分为三个阶段:第一阶段(6岁左右),经过5~7年的启蒙和基础训练阶段;第二阶段(12岁左右),被选拔进入省、市专业队进行专业训练;第三阶段(15岁左右),进入国家队训练并开始取得大赛成绩。我国少儿乒乓球训练的早期化特点也许与乒乓球运动的特点有关。正是由于早期训练,运动员有更多的机会参加各种比赛,出成绩也会提早,形成了后备人才源源不断的局面。不过这也不是绝对的,在实践过程中,10岁之前启蒙训练并出成绩的运动员也大有人在。

如果你学习打乒乓球的目的在于拥有一技之长、培养爱好,健身娱乐或陶冶情操,那么任何年龄开始都是可以的,都可以让你充分体验乒乓球运动的魅力,并受益终身。

二十六、无机胶水的使用对乒乓球运动的发展产生了哪些影响?

从2008年奥运会以后,国际乒联修改规则,乒乓球比赛中运动员必须使用无机胶水粘球拍而不再使用之前的有机胶水。无机胶水的使用对乒乓球运动的发展产生了以下重大影响。

(1)使乒乓球运动更"健康"环保。乒乓球运动本身就有锻炼身体,促进人们健康水平的重要功能,无机胶水不含有有机化学成分,不会对打球者的身体造成任何伤害。

(2)无机胶水使乒乓球运动更精彩更具有观赏性。无机胶水黏合的球拍,胶皮的弹性、球速和旋转都相应的减弱,降低了每一拍回球的难度。比赛中很难一两个回合就打死对方,往往要经过多个回合交战后才能结束一分球的争夺,使得比赛格外紧张激烈,精彩纷呈。

(3)无机胶水的使用,使中国与其他各国乒乓球运动水平的差距缩小了。过去"有机"时代的中国队的水平已经遥遥领先于世界各国,而无机胶水的出现给全世界乒乓球运动员一个新的适应起点,相当于把中国队拉回到同一起跑线上,同时更有利于世界乒乓球运动的和谐健康发展。

(4)无机胶水对乒乓球运动员的技术也带来较大的影响。从微观上来看,无机胶水的使用也影响着乒乓球运动员的训练和技战术的改变。第一,在运动员训练中发现,使用无机胶水致使运动员下网失误频率和触网率明显增高,因此,运动员不得不在技术上作出相应的改变,提高击球弧线和增加打出距离的能力。

第二，运动员的防守更容易下网，所以运动员在防守过程中减少一些借力，而增加主动发力和提高主动摩擦球的能力。第三，使用无机胶水，球拍的弹性降低，对运动员的力量素质、速度素质和身体协调能力等，都提出了更高的要求，所以应进一步加强运动员的体能训练。

（5）无机胶水对乒乓球运动员战术的影响。无机胶水的使用使运动员发球抢攻段和接抢攻战术运用的使用率有所下降，相持球出现次数明显增多。无机胶水的使用，对运动员相持能力的要求明显增强。

二十七、使用新塑料球后乒乓球的弹跳、落点、旋转等要素有哪些变化？

（1）新塑料球弹跳高度增高。成波锦博士对赛璐珞球和新塑料球的弹跳高度实验研究显示，从3050mm、305mm高度落下时，赛璐珞球的平均反弹高度明显低于新塑料球。

（2）新塑料球落点稳定性增高。成波锦博士对赛璐珞球和新塑料球的落点稳定性实验研究显示，赛璐珞球的落点范围远远大于新塑料球的落点范围，且赛璐珞球的落点范围为新塑料球落点范围的3.2倍。由此可见，新塑料球的落点和飞行弧线稳定性与准确性明显优于赛璐珞球。

（3）新塑料球速度略微下降。成波锦博士对赛璐珞球和新塑料球的平动速度实验研究显示，赛璐珞球反手推挡后的平动速度为6.79m/s，新塑料球为6.73m/s，这是因为新塑料球的规格大小为40+mm，略微大于40mm赛璐珞球，受到的空气阻力相对变大，因此赛璐珞球的平动速度略微大于新塑料球。

（4）新塑料球的旋转速度明显减弱。成波锦博士对赛璐珞球和新塑料球的旋转速度实验研究显示，赛璐珞球拉前冲弧圈球的平均旋转速度为127.54r/s，而新塑料球平均转速为122.38r/s，新塑料球的旋转速度比赛璐珞球有明显减弱。

二十八、使用新塑料球后运动员技术改变的应对措施有哪些？

(1)使用新塑料球需要提高发球质量。使用新塑料球的球体较赛璐珞球体大，反弹高度也比赛璐珞球有所增加，要发出低、转、短的下旋球的难度增加，发球容易线路长而出台，或者旋转较弱，易被对方抢先上手，造成被动局面。因此在发球方面的练习，需要更加注重落点和旋转的稳定性控制，提高发球质量。

(2)使用新塑料球应加强前五板之间的衔接能力。新塑料球的飞行速度和旋转速度都比之前赛璐珞球有明显下降，这就为接发球运动员的主动抢攻提供了更多的机会，接发球的拧拉、挑打、弹拨等技术将作为比赛的台内球处理的重要手段，使发球抢攻的第三板抢攻难度增大，很有可能被接发球方直接抢攻。因此，前五板之间的衔接，将成为新塑料球时代重点提高的技术环节之一。

(3)使用新塑料球对体能的要求增高。新塑料球使球的旋转和速度明显下降，运动员比赛中相持球的回合就增多，从体能上要求更高，运动员需要付出更大的击球力量和更多的击球板数完成一分球的技术动作，这就需要运动员有更强的体能储备。

附 录

附录1 乒乓球术语英汉对照

ad 局末平分(10平、11平……)后先得一分

advice to players during play 场外指导

aggressive player 攻击型选手

all cut 以削球为主的战术

angle 角度

angled backhand block 反手斜线推挡

angle of the bat 拍形,拍的角度

arena 球场

assistant recorder 副检录长

attack after service 发球抢攻

attack on both sides 两面攻,左右开弓

backhand 反手

backhand attack and counterattack 反手对攻

backhand attacking rally 反手连续攻

backhand backspin service 反手下旋球

backhand chop 反手削球

backhand combined with pivot attack 反手攻结合侧身攻

backhand drive 反手抽球

backhand long drive 反手远抽

backhand loop drive 反手弧圈球

backhand quick service 反手发急球

backhand stroke 反手击球

backhand topspin service 发反手上旋球
backspin 下旋
balloon defence 放高球防守
barriers 栏板
bat 球拍
bat downward 拍形向下
bat in vertical position 拍形垂直
bat tilted backward 拍形后仰
best of five games 五局三胜制
best of three games 三局二胜制
block 挡球,平挡
body hit 追身球
call the score 报分
change direction of block shot 推挡变线
change of service 换发球
change sides 换边
chief recorder 检录长
chief umpire 裁判组长
choice of ends and service 选择场地与发球权
chop 削球
chop over the table 台内削球
clamp 球网支架
close-table defence 近台防守
close-table fast attack 近台快攻
close-to-the-table chop 近削
combination of attack and chop 攻削结合
combination of forehand and backhand attack 正反手结合快攻
combination of long drives and drop shots 长短结合、长抽短吊相结合

continuous smashes 连续扣杀、连续进攻

coner 打到对方台角的球

court 球场；球台面

cross shot 斜线球

cushion block 减力挡

decider 决胜局

deciding ball 决胜球

defensive play 防守型打法

deputy referee 副裁判长

double bounce 两跳

double cut 搓球、对搓

double hit 连击

doubles 双打

drive 抽球

drive while exchanging chops 搓中起板

drop shot 短球、短吊

edge ball 擦边球

end line 端线、底线

end-line chop 削底线球

end-line judge 底线裁判员、底线司线员

exchange drives 对抽

expedite system 轮换发球法

far-from-table defence 远台防守

fast backhand crosscourt service 发快速反手斜线球

fast block 快挡

fault 发球犯规

feint play 滑板

flat service 发平击球

floater 飘球

footwork 步法

forehand 正手

forehand backspin service 发正手下旋球

forehand chop 正手削球

forehand corner 正手打到对方台角的球

forehand drive 正手抽球

game 局

go five (在五局三胜比赛中)打满五局

half volley 快拨,推挡,短挡

half-volley with attack 左挡右攻、左推右攻

hammer 大力扣杀

heavy spin serve 发加转球

high lobbing defence 放高球防守

high loop drive 高吊弧圈球

high-spin loop drive 加转弧圈球

high toss service 高抛式发球

hit 击球

hit off the table 打球出界

individual event 单项

inside 界内球

inspector 检查员

inward pimpled rubber (球拍)反贴海绵

left-hander 左手执拍者

left side spin 左旋转

left side topspin 左侧上旋

left side underspin 左侧下旋

lifted drive after returning service 接发球抢位

light service 发轻球
line umpire 司线员
lob 放高球;高球
long drive 长抽、远抽
loop drive 弧圈球
lose points 失分
men's doubles 男子双打
men's singles 男子单打
men's team event 男子团体赛
missed service 发球失误
mixed doubles 混合双打
net 打球落网
net ball 落网球、擦网球
net in 擦网好球
net out 擦网出界
off-table chop 远削
off-table play 远台打法
open grip 横握拍法
opening 空当
out 出界
outward pimpled rubber(球拍)正贴海绵
overspin lift 拉上旋球
pairing(双打)配对
partner(双打)同伴
penholder 直握拍的球员
penhold grip 直握拍法
pimpled rubber(球拍)颗粒胶
pivot attack 侧手攻

pivot attack during pushes 推挡侧身抢攻
placement 控制落点
placement shot 落点控制得好的球
plain ball 不转球
play ball 比赛开始
point 得分
positioning 站位
push 推球
qualification rounds 预赛
quick drive 快速抽杀
racket 球拍
ready 准备
rebound（球）弹跳
receive a service 接发球
receiver's right half court 接球员的右半区
referee 裁判长
reverse side of racket 球拍的反面
right-hander 右手执拍者
right sidespin 右侧旋
right side topspin 右侧上旋
right side backspin 右侧下旋
scoreboard 记分牌
score 报分
scorer 记分员
serve 发球
serve a winner 发球得分
server 发球员
server's left half court 发球员的左半区

service fault 发球违例
service judge 发球裁判员
let service 重发球
shake-hand grip 横握拍法
short 短球、短打法
short defence 近台防守
side line 边线
side line judge 边线裁判员、边线司线
singles 单打
slope of bat 拍的倾斜度
smash 扣杀
smash after lift to opposite cornor 拉两角杀相反方向
spin 旋转
spinning ball 旋转球
sponge bat 海绵拍
squatting service 下蹲式发球
stay-at-the-table game 近台打法
straight shot 直线球
striking spot on the ball 击球部位(指球被触部位)
stroke counter (执行轮换发球法的)计数员
strong drive 大力抽杀
suppleness of bat 拍的弹性
table tennis 乒乓球运动
team event 团体项目
third ball attack 第三板进攻
throw the ball (发球时)抛球
topspin 上旋
touched net 触网

touching the court 擦边
volley 拦击
winner 得分球；胜者
women's doubles 女子双打
women's singles 女子单打
women's team event 女子团体赛
wooden surface of the bat 拍子的木板面
wood shot 用木板面打出的声音
wrong player (双打)错接球

附录 2 历届世乒赛冠军一览表

届数	时间	地点	男子团体 斯韦思林杯	女子团体 考比伦杯	男子单打 圣·勃莱德杯	女子单打 吉·盖斯特杯	男子双打 伊朗杯	女子双打 波普杯	混合双打 赫·杜塞克杯
第1届	1926年12月06日至12月12日	英国 伦敦	匈牙利		R. 雅可比（匈牙利）	M. 梅德扬斯基（匈牙利）	R. 雅可比、D. 佩西（匈牙利）		Z. 梅什洛维茨、M. 梅德扬斯基（匈牙利）
第2届	1928年01月25日至01月29日	瑞典 斯德哥尔摩	匈牙利		Z. 梅什洛维茨（匈牙利）	M. 梅德扬斯基（匈牙利）	A. 李布斯特、R. 图姆（奥地利）	M. 梅德扬斯基（匈牙利）、F. 佛拉姆（奥地利）	Z. 梅什洛维茨、M. 梅德扬斯基（匈牙利）
第3届	1929年01月14日至01月21日	匈牙利 布达佩斯	匈牙利		F. J. 佩里（英国）	M. 梅德扬斯基（匈牙利）	G. V. 巴纳、M. 斯扎巴多斯（匈牙利）	E. 梅茨格、E. 鲁斯托（德国）	I. 克伦、A. 西普斯（匈牙利）
第4届	1930年01月21日至01月26日	德国 柏林	匈牙利		G. V. 巴纳（匈牙利）	M. 梅德扬斯基（匈牙利）	G. V. 巴纳、M. 斯扎巴多斯（匈牙利）	M. 梅德扬斯基、A. 西普斯（匈牙利）	M. 斯托巴斯、M. 梅德扬斯基（匈牙利）

续表

届数	时间	地点	男子团体 斯韦思林杯	女子团体 考比伦杯	男子单打 圣·勃莱德杯	女子单打 吉·盖斯特杯	男子双打 伊朗杯	女子双打 波普杯	混合双打 藤·杜塞克杯
第5届	1931年02月10日至02月15日	匈牙利 布达佩斯	匈牙利		M. 斯扎巴多斯 (匈牙利)	M. 梅德扬斯基 (匈牙利)	G. V. 巴纳、 M. 斯扎巴多斯 (匈牙利)	M. 梅德扬斯基、 A. 西普斯 (匈牙利)	M. 斯扎巴多斯、 M. 梅德扬斯基 (匈牙利)
第6届	1932年01月25日至01月30日	捷克 布拉格	捷克		G. V. 巴纳 (匈牙利)	A. 西普斯 (匈牙利)	G. V. 巴纳、 M. 斯扎巴多斯 (匈牙利)	M. 梅德扬斯基、 A. 西普斯 (匈牙利)	G. V. 马纳、 A. 西普斯 (匈牙利)
第7届	1933年01月31日至02月05日	奥地利 巴登	匈牙利		G. V. 巴纳 (匈牙利)	A. 西普斯 (匈牙利)	G. V. 巴纳、 S. 格兰茨 (匈牙利)	M. 梅德扬斯基、 A. 西普斯 (匈牙利)	1. 克伦、 M. 梅德扬斯基 (匈牙利)
第8届	1933年12月02日至12月10日	法国 巴黎	匈牙利	德国	G. V. 巴纳 (匈牙利)	M. 凯特纳罗娃 (捷克)	G. V. 巴纳、 M. 斯扎巴多斯 (匈牙利)	M. 梅德扬斯基、 A. 西普斯 (匈牙利)	M. 斯扎巴多斯、 M. 梅德扬斯基 (匈牙利)
第9届	1935年02月08日至02月16日	英国 温布利	匈牙利	捷克	G. V. 巴纳 (匈牙利)	M. 凯特纳罗娃 (捷克)	G. V. 巴纳、 M. 斯扎巴多斯 (匈牙利)	M. 梅德扬斯基、 A. 西普斯 (匈牙利)	G. V. 巴纳、 A. 西普斯 (匈牙利)
第10届	1936年03月12日至03月18日	捷克 布拉格	奥地利	捷克	S. 科拉尔 (捷克)	R. H. 阿隆斯 (美国)	R. G. 布拉特纳、 J. H. 麦克卢尔 (美国)	M. 凯特纳罗娃、 A. 斯米多娃 (捷克)	M. 哈姆尔、 C. 克列纳娃 (捷克)

续表

届数	时间	地点	男子团体 斯韦思林杯	女子团体 考比伦杯	男子单打 圣·勃莱德杯	女子单打 吉·盖斯特杯	男子双打 伊朗杯	女子双打 波普杯	混合双打 赫·杜塞克杯
第11届	1937年02月01日至02月07日	奥地利 巴登	美国	美国	R.伯格曼（英国）	未宣布	R.G.布拉特纳、J.H.麦克卢尔（美国）	V.德佩特里索娃、V.沃特鲁布科娃（捷克）	B.瓦纳、V.沙特鲁布克娃（捷克）
第12届	1938年01月24日至01月29日	英国 温布利	匈牙利	捷克	B.瓦特（捷克）	G.普里希（德国）	J.H.麦克卢尔、S.希夫（美国）	V.德佩特里索娃、V.沃特鲁布科娃（捷克）	L.贝拉克、W.伍德海德（匈牙利）
第13届	1939年03月06日至03月11日	埃及 开罗	捷克	德国	R.伯格曼（英国）	V.德佩特里索娃（捷克）	G.V.巴纳（匈牙利）、R.伯格曼（英国）	G.布斯曼、G.普里希（德国）	B.瓦特、V.沙特鲁布克娃（捷克）
第14届	1947年02月28日至03月07日	法国 巴黎	捷克	英国	B.瓦特（捷克）	G.法卡斯（匈牙利）	A.斯拉尔、B.瓦特（捷克）	G.法步斯（匈牙利）	F.苏斯、G.法卡斯（匈牙利）
第15届	1948年02月04日至02月11日	英国 温布利	捷克	英国	R.伯格曼（英国）	G.法卡斯（匈牙利）	L.斯蒂佩克、B.瓦特（捷克）	M.弗兰克斯、V.S.托马斯（英国）	R.迈尔斯、T.索尔（美国）

续表

届数	时间	地点	男子团体 斯韦思林杯	女子团体 考比伦杯	男子单打 圣·勃莱德杯	女子单打 吉·盖斯特杯	男子双打 伊朗杯	女子双打 波普杯	混合双打 藤·杜塞兄杯
第16届	1949年02月04日至02月10日	瑞典 斯德哥尔摩	匈牙利	美国	J.李奇（美国）	G.法卡斯（匈牙利）	L.安德里亚迪斯、F.托卡尔（捷克）	H.埃利奥特（苏格兰）、G.法卡斯（匈牙利）	F.西多、G.法卡斯（匈牙利）
第17届	1950年01月29日至02月05日	匈牙利 布达佩斯	捷克	罗马尼亚	R.伯格曼（英国）	A.罗奇亚努（罗马尼亚）	F.西多、F.苏斯（匈牙利）	D.博勒奇（英国）、H.埃利奥特（苏格兰）	F.西多、G.法卡斯（匈牙利）
第18届	1951年03月02日至03月11日	奥地利 维也纳	捷克	罗马尼亚	J.李奇（美国）	A.罗奇亚努（罗马尼亚）	L.安德里亚迪斯、B.瓦纳（捷克）	R.戴安尼、R.罗萨林（英国）	B.瓦纳（捷克）、A.罗奇亚努（罗马尼亚）
第19届	1952年02月01日至02月10日	印度 孟买	匈牙利	日本	佐藤博智（日本）	A.罗奇亚努（罗马尼亚）	藤井则和、林忠明（日本）	西村登美江、楢原静司（日本）	F.西多（匈牙利）、A.罗奇亚努（罗马尼亚）

续表

届数	时间	地点	男子团体 斯韦思林杯	女子团体 考比伦杯	男子单打 圣·勃莱德杯	女子单打 吉·盖斯特杯	男子双打 伊朗杯	女子双打 波普杯	混合双打 赫·杜塞克杯
第20届	1953年03月20日至03月29日	罗马尼亚 布加勒斯特	英国	罗马尼亚	F.西多（匈牙利）	A.罗奇亚努（罗马尼亚）	F.西多、J.高基安（匈牙利）	G.法卡斯（匈牙利）、A.罗奇亚努（罗马尼亚）	F.西多（匈牙利）、A.罗齐亚努（罗马尼亚）
第21届	1954年04月05日至04月14日	英国 温布利	日本	日本	荻村伊智朗（日本）	A.罗奇亚努（罗马尼亚）	Z.杜利纳、V.哈兰戈夫（南斯拉夫）	R.戴安尼、R.罗萨林（英国）	L.安德里亚迪斯（捷克）、G.法卡斯（匈牙利）
第22届	1955年04月16日至04月24日	荷兰 乌得勒支	日本	罗马尼亚	田中利明（日本）	A.罗奇亚努（罗马尼亚）	L.安德里亚迪斯、B.斯蒂佩克（捷克）	E.泽勒尔、A.罗奇亚努（罗马尼亚）	K.塞佩奇、E.高基安（匈牙利）
第23届	1956年04月02日至04月11日	日本 东京	日本	罗马尼亚	荻村伊智朗（日本）	大川富（日本）	荻村伊智朗、富田芳雄（日本）	E.泽勒尔、A.罗奇亚努（罗马尼亚）	E.克莱因、L.纽伯格（美国）
第24届	1957年03月07日至03月15日	瑞典 斯德哥尔摩	日本	日本	田中利明（日本）	江口富士枝（日本）	L.安德里亚迪斯、B.斯蒂佩克（捷克）	L.莫沙奇（匈牙利）、A.西蒙（捷克）	荻村伊智朗、江口富士枝（日本）

续表

届数	时间	地点	男子团体 斯韦思林杯	女子团体 考比伦杯	男子单打 圣·勃莱德杯	女子单打 吉·盖斯特杯	男子双打 伊朗杯	女子双打 波普杯	混合双打 藤·杜塞克杯
第25届	1959年03月20日至03月29日	德国多特蒙德	日本	日本	容国团（中国）	吉·盖斯特杯	荻村伊智朗、村上辉夫	难波多惠子、山泉和子（日本）	荻村伊智朗、江口富士枝（日本）
第26届	1961年04月05日至04月14日	中国北京	中国	日本	庄则栋（中国）	邱钟惠（中国）	星野展弥、木村兴治（日本）	亚历山德鲁、皮蒂卡（罗马尼亚）	荻村伊智朗、松崎君代（日本）
第27届	1963年04月05日至04月14日	捷克布拉格	中国	日本	庄则栋（中国）	松崎君代（日本）	张燮林、王志良（中国）	松崎君代、关正子（日本）	伊藤和子、木村兴治（日本）
第28届	1965年04月15日至04月25日	南斯拉夫卢布尔雅那	中国	中国	庄则栋（中国）	深津尚子（日本）	庄则栋、徐寅生（中国）	林慧卿、郑敏之（中国）	关正子、木村兴治（日本）
第29届	1967年04月11日至04月21日	瑞典斯德哥尔摩	日本	日本	长谷川信彦（日本）	森泽幸子（日本）	H.阿尔塞、K.约翰森（瑞典）	广田佐枝子、森泽幸子（日本）	长谷川信彦、山中教子（日本）
第30届	1969年04月17日至04月27日	德国慕尼黑	日本	苏联	伊藤繁雄（日本）	小林和田子（日本）	H.阿尔塞、K.约翰森（瑞典）	S.格林伯格、Z.鲁德诺娃（苏联）	长谷川信彦、今野安子（日本）

续表

届数	时间	地点	男子团体 斯韦思林杯	女子团体 考比伦杯	男子单打 圣·勃莱德杯	女子单打 吉·盖斯特杯	男子双打 伊朗杯	女子双打 波普杯	混合双打 赫·杜塞克杯
第31届	1971年03月28日至04月07日	日本名古屋	中国	日本	S.本格森（瑞典）	林慧卿（中国）	T.克兰帕尔、J.约尼尔（匈牙利）	林慧卿、郑敏之（中国）	张燮林、林慧卿（中国）
第32届	1973年04月05日至04月15日	南斯拉夫萨拉热窝	瑞典	韩国	郗恩庭（中国）	胡玉兰（中国）	S.本格森、K.约翰森（瑞典）	亚历山德鲁（罗马尼亚）、滨田美德（日本）	梁戈亮、李莉（中国）
第33届	1975年02月06日至02月16日	印度加尔各答	中国	中国	J.约尼尔（匈牙利）	朴英顺（朝鲜）	J.约尼尔、G.盖尔盖依（匈牙利）	亚历山德鲁（罗马尼亚）、高桥省子（日本）	戈莫兹科夫、费尔德曼（苏联）
第34届	1977年03月26日至04月05日	英国伯明翰	中国	中国	河野满（日本）	朴英顺（朝鲜）	梁戈亮、李振恃（中国）	朴英玉（朝鲜）、杨莹（中国）	塞克雷恬、贝尔热雷（法国）
第35届	1979年04月25日至05月06日	朝鲜平壤	匈牙利	中国	小野诚治（日本）	葛新爱（中国）	D.舒尔贝克、A.斯蒂潘契奇（南斯拉夫）	张立、张德英（中国）	梁戈亮、葛新爱（中国）

续表

届数	时间	地点	男子团体 斯韦思林杯	女子团体 考比伦杯	男子单打 圣·勃莱德杯	女子单打 吉·盖斯特杯	男子双打 伊朗杯	女子双打 波普杯	混合双打 藤·杜塞克杯
第36届	1981年04月14日至04月26日	南斯拉夫诺维萨德	中国	中国	郭跃华（中国）	童玲（中国）	蔡振华、李振恃（中国）	曹燕华、张德英（中国）	谢赛克、黄俊群（中国）
第37届	1983年04月28日至05月09日	日本东京	中国	中国	郭跃华（中国）	曹燕华（中国）	Z. 卡列尼茨、D. 舒尔贝克（南斯拉夫）	戴丽丽、沈剑萍（中国）	郭跃华、倪夏莲（中国）
第38届	1985年03月28日至04月07日	瑞典哥德堡	中国	中国	江嘉良（中国）	曹燕华（中国）	M. 阿佩伊伦、U. 卡尔松（瑞典）	戴丽丽、耿丽娟（中国）	曹燕华、蔡振华（中国）
第39届	1987年02月06日至02月16日	印度新德里	中国	中国	江嘉良（中国）	何智丽（中国）	陈龙灿、韦晴光（中国）	梁英子、玄静和（韩国）	惠钧、耿丽娟（中国）
第40届	1989年03月29日至04月09日	德国多特蒙德	瑞典	中国	J.-O. 瓦尔德内尔（瑞典）	乔红（中国）	J. 罗斯科夫、S. 费兹纳尔（德国）	乔红、邓亚萍（中国）	刘南奎、玄静和（韩国）
第41届	1991年04月24日至05月06日	日本千叶	瑞典	朝鲜联队	J. 佩尔森（瑞典）	邓亚萍（中国）	T. 冯舍、U. 卡尔松（瑞典）	高军、陈子荷（中国）	王涛、刘伟（中国）

续表

届数	时间	地点	男子团体 斯韦思林杯	女子团体 考比伦杯	男子单打 圣·勃莱德杯	女子单打 吉·盖斯特杯	男子双打 伊朗杯	女子双打 波普杯	混合双打 赫·杜塞克杯
第42届	1993年05月11日至05月23日	瑞典 哥德堡	瑞典	中国	J.-P.盖亭(法国)	玄静和(韩国)	王涛、吕林(中国)	乔云萍、刘伟(中国)	王涛、刘伟(中国)
第43届	1995年05月01日至05月14日	中国 天津	中国	中国	孔令辉(中国)	邓亚萍(中国)	王涛、吕林(中国)	邓亚萍、杨影(中国)	王涛、刘伟(中国)
第44届	1997年04月24日至05月05日	英国 曼彻斯特	中国	中国	J.-O.瓦尔德内尔(瑞典)	邓亚萍(中国)	孔令辉、刘国梁(中国)	邓亚萍、杨影(中国)	刘国梁、邬娜(中国)
第45届	1999年08月02日至08月08日	荷兰 埃因霍温			刘国梁(中国)	王楠(中国)	孔令辉、刘国梁(中国)	李菊、王楠(中国)	张莹莹、马琳(中国)
	2000年02月19日至02月26日	马来西亚 吉隆坡	瑞典	中国					
第46届	2001年04月23日至05月06日	日本 大阪	中国	中国	王励勤(中国)	王楠(中国)	王励勤、阎森(中国)	李菊、王楠(中国)	秦志戬、杨影(中国)

续表

届数	时间	地点	男子团体 斯韦思林杯	女子团体 考比伦杯	男子单打 圣·勃来德杯	女子单打 吉·盖斯特杯	男子双打 伊朗杯	女子双打 波普杯	混合双打 藤·杜塞克杯
第47届	2003年05月20日至05月26日	法国巴黎			W.施拉格（奥地利）				王楠、马琳（中国）
	2004年03月01日至03月07日	卡塔尔多哈	中国						
第48届	2005年04月30日至05月06日	中国上海			王励勤（中国）	张怡宁（中国）	孔令辉、王皓（中国）	王楠、张怡宁（中国）	王励勤、郭跃（中国）
	2006年04月21日至05月01日	德国不来梅	中国	中国					
第49届	2007年05月21日至05月27日	克罗地亚萨格勒布			王励勤（中国）	郭跃（中国）	马琳、陈杞（中国）	王楠、张怡宁（中国）	王励勤、郭跃（中国）
	2008年02月24日至03月02日	中国广州	中国	中国					

续表

届数	时间	地点	男子团体 斯韦思林杯	女子团体 考比伦杯	男子单打 圣·勃莱德杯	女子单打 吉·盖斯特杯	男子双打 伊朗杯	女子双打 波普杯	混合双打 赫·杜塞克杯
第50届	2009年04月28日至05月5日	日本横滨			王皓(中国)	张怡宁(中国)	陈玘、王皓(中国)	郭跃、李晓霞(中国)	李平、曹臻(中国)
	2010年05月23日至05月30日	俄罗斯莫斯科	中国	新加坡					
第51届	2011年05月08日至05月15日	荷兰鹿特丹			张继科(中国)	丁宁(中国)	马龙、许昕(中国)	郭跃、李晓霞(中国)	张超、曹臻(中国)
	2012年03月25日至04月01日	德国多特蒙德	中国	中国					
第52届	2013年05月13日至05月20日	法国巴黎			张继科(中国)	李晓霞(中国)	陈建安、庄智渊(中国台北)	郭跃、李晓霞(中国)	金赫峰、金仲(朝鲜)
	2014年04月28日至05月05日	日本东京	中国	中国					

续表

届数	时间	地点	男子团体 斯韦思林杯	女子团体 考比伦杯	男子单打 圣·勃莱德杯	女子单打 吉·盖斯特杯	男子双打 伊朗杯	女子双打 波普杯	混合双打 兹·赫杜塞克杯
第53届	2015年04月26日至05月03日	中国苏州			马龙（中国）	丁宁（中国）	张继科、许昕（中国）	刘诗雯、朱雨玲（中国）	许昕（中国）梁夏银（韩国）
	2016年02月28日至03月06日	马来西亚吉隆坡	中国	中国					
第54届	2017年05月26日至06月05日	德国杜塞尔多夫			马龙（中国）	丁宁（中国）	许昕、樊振东（中国）	丁宁、刘诗雯（中国）	吉村真晴、石川佳纯（日本）
	2018年04月29日至05月06日	瑞典哈尔姆斯塔德	中国	中国					
第55届	2019年04月21日至04月28日	匈牙利布达佩斯			马龙（中国）	刘诗雯（中国）	马龙、王楚钦（中国）	王曼昱、孙颖莎（中国）	许昕、刘诗雯（中国）
	2020年	韩国釜山	因疫情取消						

续表

届数	时间	地点	男子团体 斯韦思林杯	女子团体 考比伦杯	男子单打 圣·勃莱德杯	女子单打 吉·盖斯特杯	男子双打 伊朗杯	女子双打 波普杯	混合双打 赫·杜塞克杯
	2021年11月23日至11月29日	美国休斯顿			樊振东（中国）	王曼昱（中国）	M.法尔克、K.卡尔松（瑞典）	王曼昱、孙颖莎（中国）	王楚钦、孙颖莎（中国）
第56届	2022年09月03日至10月09日	中国成都	中国	中国					

参考文献

[1] 习近平. 在全国高校思想政治工作会议上的讲话[N]. 人民日报, 2016-12-09(1).

[2] 党的二十大报告学习辅导百问编写组. 党的二十大报告学习辅导百问[M]. 北京:学习出版社,党建读物出版社,2022.

[3] 中华人民共和国教育部. 教育部关于印发《高等学校课程思政建设指导纲要》的通知[EB/OL].(2020-06-03)[(2020-09-28].http://www.moe.gov.cn/srcsite/A08/s7056/202006/t20200603_462437.html.

[4] 董翠香,樊三明,高艳丽. 体育教育专业课程思政元素确立的理论依据与结构体系建构[J]. 体育学刊,2021,28(1):7-13.

[5] 中共中央、国务院印发《"健康中国2030"规划纲要》来源:中国政府网;2016-12-30.

[6] 王娟. 百问国球[M]. 银川:宁夏人民出版社,2000:3.

[7] 朱惠平. 乒乓球理论与实践[M]. 北京:人民体育出版社,2019.

[8] 朱惠平. 乒乓球运动原理与制胜规律研究[M]. 北京:人民体育出版社,2022:7.

[9] 刘建和. 乒乓球教学与训练(体育院校通用教材)[M]. 北京:人民体育出版社,2004.

[10] 李京生,郑中华,李晓忠. 乒乓球运动发展理论与健身实践指导教程[M]. 长春:吉林文史出版社,2021.

[11] 陈启湖. 乒乓球实用教程[M]. 武汉:华中科技大学出版社,2006:12.

[12] 叶亚金,恽冰. 乒乓球[M]. 杭州:浙江大学出版社,2020.

[13] 李荣芝. 中国乒乓球发展史研究[M]. 北京:中国书籍出版社,2020.

[14] 张瑛秋. 现代乒乓球训练方法[M]. 北京:北京体育大学出版社,2008.

[15] 虞荣安. 新编乒乓球教程[M]. 西安:西北工业大学出版社,2011.

[16] 金福春. 体育与健康[M]. 北京:高等教育出版社,2001.

[17] 俞蕙琳.乒乓球[M].北京:高等教育出版社,2004.

[18] 张瑞林.乒乓球运动[M].北京:高等教育出版社,2010.

[19] 吴健.体育锻炼与欣赏[M].乒乓球.郑州:郑州大学出版社,2006.

[20] 孙麒麟,赵卫真.新世纪体育乒乓球[M].北京:高等教育出版社,2007.

[21] 威凤儒,耿同满,李春莲.大学教授谈太极拳[M].北京:北京体育大学出版社,2003.

[22] 耿同满.运动养生与健康[M].北京:人民体育出版社,2008.

[23] 张其成.中医哲学基础[M].北京:中国中医药出版社,2004.

[24] 王旭东.中医养生康复学[M].北京:中国中医药出版社,2004.

[25] 王瑞元.运动生理学[M].北京:人民体育出版社,2002.

[26]《体育与健康理论教程》编委会.体育与健康理论教程[M].北京:高等教育出版社,2001.

[27] 大学体育理论教程编委会.大学体育理论教程[M].北京:高等教育出版社,2001.

[28] 邓树勋,洪泰田,曹志发.运动生理学[M].北京:高等教育出版社,2003.

[29] 中国乒乓球协会.乒乓球竞赛规则[M].北京:人民体育出版社,2016.

[30] 吴焕群,张晓蓬,等.中国乒乓球竞技制胜规律的科学研究与创新实践[M].北京:人民体育出版社,2009.

[31] 潘华云.乒乓球运动发展与教学训练创新研究[M].北京:海洋出版社,2022.

[32] 国家体育总局科教司.乒乓球运动教练员岗位培训教材[M].北京:人民体育出版社,2021.

[33]《体育》编委会.体育[M].北京:人民体育出版社,2005.

[34] 成波锦,杨欢.新型无缝塑料乒乓球的特征及对击球速度和旋转影响的实验研究[J].北京体育大学学报,2014,37(10):141-145.